臺灣歷史與文化 研究輯刊

五 編

第 7 冊

解讀在地神明：
玉皇三公主信仰研究

陳柏穎 著

花木蘭文化出版社

國家圖書館出版品預行編目資料

解讀在地神明：玉皇三公主信仰研究／陳柏穎 著 — 初版 —
新北市：花木蘭文化出版社，2014〔民 103〕
目 2+134 面：19×26 公分
（臺灣歷史與文化研究輯刊 五編：第 7 冊）
ISBN：978-986-322-639-0（精裝）
1. 民間信仰　2. 澎湖縣
733.08　　　　　　　　　　　　　　　　　103001763

ISBN-978-986-322-639-0

臺灣歷史與文化研究輯刊
五 編 第 七 冊　　　　　　　ISBN：978-986-322-639-0

解讀在地神明：
玉皇三公主信仰研究

作　　者　陳柏穎
總 編 輯　杜潔祥
副總編輯　楊嘉樂
編　　輯　許郁翎
出　　版　花木蘭文化出版社
社　　長　高小娟
聯絡地址　235 新北市中和區中安街七二號十三樓
　　　　　　電話：02-2923-1455／傳眞：02-2923-1452
網　　址　http://www.huamulan.tw 信箱 hml 810518@gmail.com
印　　刷　普羅文化出版廣告事業
初　　版　2014 年 3 月
定　　價　五編 24 冊（精裝）新台幣 48,000 元　　　　　版權所有・請勿翻印

解讀在地神明：
玉皇三公主信仰研究

陳柏穎　著

作者簡介

陳柏穎，澎湖縣講美人，國立中正大學中文所碩士班畢業，現任高中教師。

提　　要

　　位於澎湖縣白沙鄉的講美村如同澎湖的其他村落，早期以漁業維生。但因沿海潮間帶的地形因素無法發展漁業，而轉為沿岸漁業活動為主的形式。相傳先民為了維持家計，便集資到唐山運貨回來澎湖販售。不料在唐山遭遇海難，被名為玉皇三公主的神明救起。當先民回澎時，為了感念玉皇三公主救命之恩，遂迎請三公主回講美供奉至今。

　　本文從澎湖唯一供奉玉皇三公主及其六位姊妹的講美龍德宮出發。第一章首先介紹講美村的過去與現況，說明玉皇三公主的信仰在講美生根的背景，以及目前村中宗教信仰的概況。除了講美之外，台南的開基玉皇宮也同樣供奉玉皇三公主。第三節介紹了台灣供奉玉皇三公主的廟宇及其源流，還有大陸地區的文成公主與固倫淑慧公主兩位被當地民眾奉為神明的公主神。

　　第二章從咒簿的請神咒描述裡，建構出玉皇三公主及其姊妹公主神的形象側寫。其次則透過村民記憶中關於三公主顯靈的事蹟，由信眾的角度看他們心中玉皇三公主的模樣。

　　第三章則回到玉皇三公主來澎的傳說故事本身，紀錄著龍德宮原有主神哪吒三太子被玉皇三公主取代主神之位。主神代換事件的意義在於民眾在信仰上的需求，也隱含著針對先民遭遇海難事件裡，對原有主神三太子的信仰危機。

　　玉皇三公主與其他女神不同之處，在於其頭銜為「無極天大統帥」，掌理天上兵馬。第四章探討天上神明如官員的觀念如何產生並發揮影響，這種觀念對民眾與神明的作用為何？接著與臨水夫人陳靖姑和九天玄女相比，祂們都是有武身形象的女神。武身的形象源於傳說事蹟，信眾將凸顯其中的特質具象為武身塑像。這樣做不但標示出神明的職能與身份，更說明相關職能的神力來源，成為未來顯靈故事的基礎。

　　第五章結論在於玉皇三公主由於其「先天神」的身份，使其能突破傳統認知裡女神特質的限制，並綜合在地的顯靈故事，形成文武相和、剛強活力的女神形象。同樣的情形也發生在其他玉皇公主神身上，祂們除了擔任武將外，也掌理天庭行政職務。這些傳統上被認是男性神明應有的職能，在此卻由身為女神的玉皇公主們所擔任。

　　透過玉皇三公主，我們見到民間信仰詮釋神明的活力與創造性。以及在講美這個小村落中，見到宮廟主神對於村民的重要性。神明性別特質與職能之間的關係是神明形象的背景，也是創造特色的來源。以一小村落的宮廟主神為題進行研究，往往能發現不同的歷史。更重要的是如何看見此神信仰在此地生根發展的過程，形成屬於當地的獨特記憶與文化。

誌　謝

　　關於這篇論文，首先必須感謝的是指導教授楊玉君老師。如果沒有老師的鼓勵與指導，我不會學到如何完成一篇論文，以及背後所需的嚴謹思考與研究態度。老師給我很大的自由去撰寫論文，讓我有足夠的時間與思考去構思與寫作。並能適度把幻想拉回現實，不斷修正想法與主題的差異，力求邏輯的一致性。除了在撰寫過程中所學到的種種外，也要感謝老師願意讓我中途去實習半年，把教育學程作個了結。畢竟那半年對論文的進度貢獻極少，回來後又要在四個月內畢業。願意包容我作這種決定，實在是很感謝老師。

　　其次感謝王見川老師與黃錦珠老師在口試時所給的建議，句句切中要害與關鍵，讓我深深了解論文的缺點以及自己在思考與解析資料的侷限。還有一路上陪伴的同學朋友們，特別是志桓、孟宸、敦榮、志正等等。三不五時就找你們發牢騷，問問題，聊一些莫名其妙的事情。沒有你們真不知道該怎麼解離寫論文時所遇到的瓶頸，還有生活上的麻煩。特別是志正，如此照顧與開導我，帶我吃喝玩樂作人生改造，真不知該如何表達最真切的謝意。

　　跑田野作調查的時候得到很多人的幫助：台南開基玉皇宮、南廠武英殿、內湖碧霞宮、六堆慈鳳宮、講美龍德宮、講美當地長輩與小法等。他們提供很多珍貴的資料與故事以作為論文的基礎。另外宏一與老王，犧牲假日當台南地陪，帶我去宮廟查訪外還讓我品嚐台南美食；親愛的表妹 Wei 則跟我一起去田調，搭著公車基隆到處跑。還有在外地收留我的同學與親友們，一直要我努力並時時督促我快點寫完論文的姿蓓。沒有你們我是難以完成論文的。

最後要感謝的是我的父母，他們給予經濟與心靈的支持，包容我許多任性的決定與揮霍，才讓我得以走到目前這一步。這篇論文還要獻給我的外公。他本應該是本論文最重要的受訪者，但可惜的是他早一步離開我們。希望他老人家還滿意這篇論文。也要感謝玉皇三公主的保佑，讓我外出田調與在嘉義生活都平安順利。沒有祂，就沒有這篇論文。

作為學生時代的終結，這一路上還要感謝很多人，但礙於篇幅，只好讓我去見你們以表達謝意吧！

目次

第一章　講美村與玉皇三公主信仰簡介

一、講美村簡介

　　講美村，位處於澎湖縣白沙島東南方，行政上屬於白沙鄉，為一自然村。其東方、東南、西北面海，東南方以永安橋連接中屯島。南與城前村相靠，西則與鎮海村相連。縣道 203 貫穿其中，為往西前往白沙鄉各村與西嶼鄉，往東至湖西鄉與馬公市各村里的必經道路。居住人數方面，截至民國 99 年 9 月的戶政資料統計為止，講美村目前有 227 戶，設籍於此者共 715 人，但實際居住人數約有三百多人。[註1] 雖然人口不多，但講美村為一機能俱全的村落。內有國小、派出所、小型公園和籃球場、海巡中隊與漁業電台、簡易棒球場等機關設施，可以滿足村民一般日常需求和生活安寧。

　　講美古名為港尾，在清代隸屬於瓦硐澳的管轄。《澎湖紀略‧地理紀》（1771）：「瓦硐澳：瓦硐港社（距廳治陸路三十里）、後寮社（距廳治陸路三十里）、港尾社（距廳治陸路一十九里）、城前社（舊有紅毛銃城，今基址亦廢。）」[註2] 地處於北山，也就是今日本島部份的白沙鄉。[註3] 稱作港

〔註1〕　見白沙鄉戶政事務所網站 http://www.phhg.gov.tw/baisha/count_all.asp?yearly=99&monthly=9 存取日期 2010/10/5。實際居住人口數為訪問估算而得。

〔註2〕　〔清〕胡建偉纂輯，《澎湖紀略》〈地理記‧澳社〉，收入《臺灣史料集成：清代臺灣方志彙刊》第十二冊（台北：行政院文建會，遠流出版社，2004），頁 72。

〔註3〕　「鎮海澳：在廳治北六十里。港尾澳：在廳治北六十里、鎮海之西。南風可泊舟。大赤嵌澳：在廳治北六十里。小赤嵌澳：在廳治北五十八里。城前澳：

尾的原因是「因其居鎮海港的尾端之故，名稱與『港子』、『港子尾』相仿。」
〔註4〕民國44年村民大會時取港尾的台語諧音改名爲講美，沿用至今。又另
有一說最初的地名爲景美，以鄰近澎湖內海平靜之時，倒映景緻之美得名。
〔註5〕然而此說未見於古籍記載，因此目前最古的地名仍以港尾爲是。

　　村內大姓爲吳，其次有陳、楊、蕭、郭、倪等姓。吳姓宗族始遷祖爲吳
祖凱，於清康熙初年自漳州府澄海縣店仔八崎，陳姓始遷祖陳星輝於清雍正
年間從泉州安溪縣遷徙到澎，進入講美居住。〔註6〕村民們的居住範圍以現今
的龍德宮爲中心，朝東北方擴展。以龍德宮旁的馬路爲界線，分隔出居住區
與農耕區。約在四十年前，馬路的另一邊，也就是龍德宮西南方的一大片土
地幾乎都是農田或是放牛的野地，只有少數的住宅與商家。直到東北方居住
區人口增加，建地不足，才慢慢遷移到馬路另一邊居住。從衛星空照圖裡可
以看到縣道兩邊房屋密度的差距，表示村落變化的痕跡。〔註7〕村落的範圍除
政府地政所劃分的行政地界之外，五營的駐守位置則標出村民透過信仰所劃
分出來的村落五個方位的邊界。五營設立的時間已不可考，但在從古至今位
置依然不變的情況下，講美村民的村落生活範圍在近五十年來沒有多大變
化。最大的變遷是人口外流所造成的高齡化、隔代教養，經濟能力與傳統產
業衰落的景象。

　　產業方面，早期自然是靠海維生，兼以種田放牧增加收入。講美北邊的
港口爲主要的漁船停泊場所，也爲村民進行漁業活動的地點。因爲北面海域
爲潮間帶的緣故，無法開闢深水良港以發展漁業。故村民多使用舢舨與小船
進行近海作業，其次也因退潮後露出廣大的潮間帶而擁有豐富的生態。潮間

　　在廳治北四十里。亦名長岸仔。瓦硐港澳：在廳治北五十二里。後寮港：在
　　廳治北二十五里（以上七澳，名爲大北山）。」見〔清〕范咸纂輯，《重修
　　臺灣府志》，卷一〈封域〉，收入《臺灣史料集成：清代臺灣方志彙刊》第
　　八冊（台北：行政院文建會，遠流出版社，2005），頁126～127。

〔註4〕 王文良，〈從宮廟舊文物的保存與再認識，活化在地的文化資產〉，紀麗美總
　　　編輯，《澎湖研究第六屆學術研討會論文輯》（馬公：澎縣文化局，2007），
　　　頁235。港子是目前的白沙鄉港子村，港子（仔）尾則是湖西鄉許家村的舊地
　　　名。

〔註5〕 可見《重修白沙鄉志》（澎湖縣白沙鄉：澎湖縣白沙鄉公所，1999）與〈講
　　　美龍德宮整建碑記〉（民國95年）。

〔註6〕 呂祝義編撰，《澎湖地區姓氏族譜調查研究》（馬公：澎縣文化局，2004），
　　　頁38、83。

〔註7〕 見附錄衛星空照圖，頁130。

帶漁業——撿螺、抱墩、照海等漁業活動，是村民們的外快來源與休閒活動。
〔註8〕以上是夏季主要的近海活動。從中秋節後東北季風南下開始，所有的海
上活動休息停止。村民們便開始準備搭建紫菜棚，開始冬季的紫菜養殖活動。
〔註9〕紫菜養殖是講美主要的養殖產業，是除了湖西鄉白坑村的紫菜養殖之
外，澎湖縣最主要的紫菜養殖產區。另外以鄰近城前村海域為牡蠣養殖地所
發展起來的牡蠣養殖業，是近十年來講美另一項重要的養殖產銷業。

　　除以上這些依靠天然資源而起的產業外，講美人口就業結構主要屬於公
教業及商業，以上述養殖漁獲業為主要收入的村民實屬少數。據筆者的參訪
詢問，得知距今約四、五十年前，講美實際居住人口約有七百多人。因村旁
有駐軍之故，當時有照相館、洗衣店、診所、理髮院、皮鞋店、打鐵打石
店等商家，沿著馬路和龍德宮附近設立，可以說是白沙鄉主要的商業中心。
〔註10〕其中原因之一是講美為 203 縣道進入白沙鄉大島後的第一個村莊，
為來往車輛必經之地。〔註11〕並且因當地環境難以發展漁業，故村民多從事
工商公教等職業，收入較多或穩定，還有當地駐軍的支持，因此能支撐起當
地的經濟活動。

　　講美的產業除了冬季的紫菜養殖與夏季為主的牡蠣養殖、潮間帶活動之
外，打石和打鐵是講美在澎湖縣內最具特色的產業。澎湖的打石業雖然散見
於湖西鄉的隘門、太武、西溪；白沙鄉的講美、西嶼鄉的小池角等村。但其
中師傅較多並形成以血緣、師徒為連接紐帶之團體，擁有較多產能與人力並
有「打石莊」美名的，只有講美與西溪二村。〔註12〕目前這些打石業主要
供應宮廟建築的石材和墓碑製作，或是進行石雕藝術創作。講美的打石師傅

〔註8〕　撿螺為退潮時於潮間帶撿拾珠螺、鐘螺。抱墩：用石頭堆一小墩。漲潮時
　　　　魚會進入棲息，退潮時用網圍住石墩再搬開石塊，魚無處可去落入網中。
　　　　照海：在退潮的夜晚，漁人帶著頭燈與簡易網具到潮間帶照章魚、踏蝦照
　　　　蝦等。

〔註9〕　另外頗負盛名的白沙鄉赤崁村的姑婆嶼紫菜屬於野生紫菜，每年農曆年前會
　　　　舉辦採收活動。

〔註10〕受訪者為陳良榮先生（57 歲），2010/09/17 訪問

〔註11〕縣道從馬公往白沙方向，進入白沙鄉後的第一個村落為中屯村。但中屯為一
　　　　小島，故講美為白沙鄉大島上的第一個村落。

〔註12〕鄭昭民，〈澎湖打石業與傳統建築之關係〉，收入中華民俗藝術基金會，《菊
　　　　島人文之美：澎湖傳統藝術研討會論文集》（台北：傳藝中心籌備處，2001），
　　　　頁 241。

師承關係主要是家族事業，其次爲拜師學藝。這些師傅都是講美當地居民，彼此有地緣、血緣關係（見表一）。〔註13〕由此可見，當地打石業必須有所發展，才能吸引他人拜師或繼承家業。除了在澎湖當地開業之外，到台灣討生活一直是澎湖人的必經道路。在打石業發展時期，澎湖的打石師傅也到台灣開店營業（見表二）。〔註14〕除了能拓展營業市場，仲介石材也是經營項目之一。另外的功能是收親友爲學徒，使其習得技能並成爲幫手，作爲回饋家鄉宗親與幫助石店營業的方式。在日治時期到民國六十年代之間，孩童在國小畢業後就準備到台灣當學徒或投入農漁業。凡舉有親友在台灣開設店面，在地緣與親緣關係的考量下，會將小孩送往該處當學徒。這些學徒學成後除了留在當地幫忙之外，也可能回到家鄉開業。所以講美的經濟產業除了祖傳承續的因素之外，從台灣學成回流，形成技能流通和回饋家鄉心態而設立的商家在所多有。例如皮鞋店與理髮院，都在這種背景下開設。〔註15〕

隨著時代變遷，講美的打石業已不如以往輝煌。關閉打磨石廠轉業，或轉型成石雕創作是現今打石業的情況。目前講美還有吳清休先生所開設的石藝店（金義成石工鋪），以石雕創作爲主。

講美的打鐵業目前僅剩一家，爲吳正利先生負責的「金協發打鐵店」，位於講美村 120 號。民國五十年代左右，當時村內共有三家打鐵業者。吳正利先生接下打鐵店的事業是從民國 56 年（1967）年開始。講美這些打鐵店舖的師傅多半姓吳，事業皆爲祖傳，是早期大陸鐵匠移民的後裔，因此吳先生繼承祖業至今。民國 76 年（1987）左右，打鐵業開始逐漸凋零。由於工時長，需面對高溫噪音，與耗費體力、高危險的工作環境，漸漸找不到年輕人投入此業。加上農漁業也相繼衰退、到台灣經商工作才能賺大錢的經濟起飛的環境影響之下，自然無人願意持續進入傳統產業。目前金協發打鐵店爲白沙鄉唯一僅存的打鐵店，主要的營業項目爲製作船舶使用的船錨，其次爲農具。

〔註13〕附錄表 1：講美村打石業師承關係表，頁 119
〔註14〕附錄表 2：在台開設石店之分布表，頁 119
〔註15〕筆者的外公早年到台灣學習製作皮鞋，回澎後一度以修理皮鞋爲業。理髮院則是筆者的爺爺從高雄回澎後所開設。祖傳的打鐵和打石業，也有村民送小孩到台灣當學徒，學成後回到講美投入此業。因此祖傳的打鐵打石業才會有地緣關係的村民加入。另外也可看出，講美祖傳產業輸出到台灣的情況。

講美的傳統產業——打鐵與打石都不復以往風光；而農業早已無人以此維生，村內多廢耕農地，頂多種菜自用。漁業也因地形所拘，潮間帶活動多是休閒自給，或是提供外快收入的來源。這種產業發展的現況不獨為講美所有，澎湖全縣各鄉村多是如此。而白沙鄉早年因為地理環境不同於西嶼鄉便於發展漁業、湖西鄉發展農業，則以商業或公職為主要的職業發展，因此投入於傳統產業的人力就隨著種種自然與社會環境的影響逐漸下降。到台灣經商或當學徒成為澎湖人早期討生活的選擇，在事業有成後往往回饋家鄉。除了透過捐款資助學校、成立獎學金之外，建立活動中心或圖書館也是常見的回饋方式。〔註 16〕然而出門在外，往往會遇到許多難以意料的難關與困境。此時多向神明求助，祈望能保佑自身度過難關，進而庇佑事業有成、家庭安樂。以上這些到外地打拼的澎湖人感到家鄉神明的庇佑，因為自小離家之時，家人總會為其帶上從廟裡求來的平安符以保平安。故對於家鄉廟宇的資助，並不少於對文教活動的投入。以下將介紹講美村目前的信仰概況與宮廟分佈，並簡介龍德宮的建築特色及旅外鄉親對宮廟的資助投入。

二、講美的信仰

講美村目前有三座公共廟宇、一間私人壇廟，一座天主教堂和一間基督教會。三座公共廟宇為龍德宮、靈應廟、保安宮；私人壇廟為北天宮。以下依序介紹：

（一）龍德宮〔註 17〕

龍德宮為講美村信仰中心，主神為玉皇三公主，副祀其他六位玉皇公主、哪吒三太子、陪祀註生娘娘和土地公。最早的創建年代不詳，僅從廟中最古匾額「儼度蓮胎」的落款年代（康熙 59 年，1720）推斷最早於清康熙59 年建立於此。廟體經過七次整建，〔註 18〕其廟址根據村中長者所述，幾無改變。龍德宮最初是土地公廟，之後改祀三太子，便改名為龍德宮。爾後因發生玉皇三公主拯救至唐山經商的講美村民的靈感故事，獲救的村民決定將玉皇三公主與其四位姊妹迎回講美供奉，以感謝救命之恩。龍德宮的主神因

〔註 16〕例如出身白沙鄉後寮村的林加由先生成立「林加由教育福利建設基金」。其基金於通樑村設立圖書館，以「加由館」為名。

〔註 17〕鄰村大赤崁的公廟也名為龍德宮，但主神為哪吒三太子。下文龍德宮皆指講美龍德宮，若指赤崁龍德宮則另行標明。

〔註 18〕見〈講美龍德宮整建碑記〉（民國 95 年）

此從三太子改爲玉皇三公主，三太子轉爲副神。〔註19〕從此之後，講美龍德宮以供奉五位玉皇公主著稱。然而在民國 95 年廟體整修時，廟方透過乩身得知還有六公主、七公主欲進駐宮中獲得香火祭祀。原因是在大陸的祖廟早已消失，無法獲得香火，因此六公主和七公主決定前來講美投靠姊妹。〔註20〕至此之後，龍德宮廟方認爲自己是全台唯一供奉玉皇七公主的廟宇。同時因爲大陸祖廟消失的緣故，廟方也認爲自己是玉皇七公主的祖廟。

　　龍德宮設有管理委員會，委員會有主委一位，其次兩位常務委員、十位委員。委員的選舉方式是依各甲選出。東西南北中五甲依其居住人數再分出選區，例如東甲再分成東、中、西三個小甲頭。人數較少的甲頭就自成一選區。每甲無規定應選委員人數，但每甲至少要選出一位委員。〔註21〕

　　龍德宮雖然經歷七次改建，但位置從未變動。目前廟體是以民國 53 年整建後的結構爲主，爲三落的格局。〔註22〕之後民國 63 年向外增建四垂亭。民國 77 年整修因韋恩颱風而破損的屋頂，以「後座升高三尺六寸，大前座升高三尺」重建。〔註23〕民國 95 年因正殿漏水，在主神玉皇三公主進駕囑咐之下，展開更新廟壁、整修屋頂的工程。與一般把原廟拆毀重建的方式不同，龍德宮採取維持舊廟風貌、保留原有特色的工法。保留由咾咕石堆砌而成的牆壁，重新抹灰泥鋪磚。廟內的磨石子地板、六角磨石子柱與門面的石雕完全不予更動。主要更動的部份爲四垂亭的地板、藻井、龍柱及增加亭外兩尊仙女雕像。

　　這些保留下來的部份，尤其是門面的石雕，保存了講美打石業的作品以及旅外村民回饋家鄉的痕跡。前述提到講美以打石著名，因此村中公廟的石作門面自然由村裡的打石工匠倪連魚師傅擔綱製作。除此之外，到台灣開設石店的講美人也藉此捐獻石雕作品。例如大門左右的一對石獅，公獅是日本時代至台南鹽水開設武成興石廠的郭武所獻、母獅爲台南市福源石店的陳高

〔註19〕以上的故事發生年代不詳，詳情可見〈講美龍德宮整建碑記〉的記載。龍德宮由土地公廟到主祀三太子的故事採集於村中老者，其發生年代不詳。即使改變主神，但廟名依舊是主祀三太子時的龍德宮。爲何未改廟名？已不得而知。但此或許可當作三太子曾爲主神的見證。

〔註20〕講美的玉皇三公主等諸神究竟來自於大陸何處？依然是個無解的問題。

〔註21〕2009/08/17 於講美村採訪前任龍德宮管理委員會主委吳正利先生（63 歲）（錄音檔 2009/08/17 訪問講美村吳正利先生 001）

〔註22〕「一落爲有中脊樑、雙坡形式的屋頂，其面寬及整個屋身爲一落。」見趙崇欽《空間位序在澎湖社會之運用》（澎湖：澎湖縣立文化中心，1998）頁 39。

〔註23〕〈龍德宮修建簡誌〉民國 77 年。

福捐獻（照片 1）。〔註 24〕陳高福先生還捐獻一個石製香爐（照片 2）。〔註 25〕除了這些本身開設石廠的村民外，經商有成的鄉親也是整建工程裡的重要角色。在講美本身經濟狀況不佳的情況下，旅台鄉親的捐款成爲重要的資金來源。在台北經營紡織業有成，曾任澎湖台北同鄉會第三屆理事長的郭佛賜先生，與其兄弟郭佛助先生就資助了相當部份的石雕。〔註 26〕在台的鄉親爲了使村廟增添光彩，請來名人或書法名家寫廟聯。中間的三川門門聯爲于右任所寫，〔註 27〕龍邊的對聯則由周鈞亭所寫。〔註 28〕由此可知在台鄉親對家鄉廟宇的尊崇與回饋的心意，對神明庇佑的感恩以及對家鄉的懷念，都在廟宇建築裝飾裡清楚可見。

石材由於本身性質的緣故，得以保留續用。而鑿花木雕的龍柱、神龕、吊筒等等，〔註 29〕因歷時已久，有腐朽之虞，多半更換；若強度未損，則重新上漆美化（照片 3）。〔註 30〕其中最富特色的斗座，〔註 31〕除了固有的獅、

〔註 24〕王文良〈從宮廟舊文物的保存與再認識，活化在地的文化資產〉紀麗美總編輯《澎湖研究第六屆學術研討會論文輯》（馬公：澎縣文化局，2007），頁 236～237。見附錄照片 1：陳高福先生與郭武先生捐獻之石獅（拍攝日期 2009/02/12），頁 121。

〔註 25〕見附錄照片 2：陳高福先生捐獻之石製香爐（拍攝日期 2009/02/12），頁 122。

〔註 26〕「郭佛助先生，澎湖縣白沙鄉講美村人，自幼耳濡目染其先祖父及父親往來澎湖、台灣、南洋等地從事商業，使得家裡大小生活維持在水準之上，且優於鄉鄰，故年輕時，郭佛助先生便興起抱負志在四方。……郭佛助先生則與當時從事同行業的白沙鄉親丁賞先生、林有爲先生、陳篤恭先生，及經營中藥有成的正記製藥廠盧訂先生等互應推波，並廣徵引進旅北各界鄉友共同參與加入成立同鄉會。」以上見李耀庭《北澎今昔：台北澎湖同鄉會創會 43 年紀念專輯》（台北：北市澎湖同鄉會，2006），頁 27。

〔註 27〕于右任（1879～1964）原名伯循。民 38 年隨國民政府來台。以草書著名，創「標準草書」，爲當時著名的書法家。台灣多處廟宇學校、公司匾額楹聯，多出其手。

〔註 28〕周鈞亭（1894~1968），書法家，擅長顏體。其作品爲學子學習書法的臨摹字帖。台灣各地的寺廟官署，與公司單位之匾額、楹聯、碑碣及書刊題署等，多出其手。著有《周鈞亭書法》、《周鈞亭書法第一卷》。

〔註 29〕「吊筒位於殿外屋簷樑下的短柱，因柱短不著地，下方即雕鑿成倒吊蓮花或精緻花籃的造型加以美化。吊筒又稱『垂花』。」王文良，〈澎湖的宮廟鑿花木雕——作品篇〉，中華民俗藝術基金會，《澎湖人文之美：澎湖傳統藝術研討會論文集》（台北：傳藝中心籌備處，2001），頁 169。

〔註 30〕如專用於廟外拜拜用（普度、犒軍）的神桌，其桌裙已有百年歷史。重新上漆後亮如新製，本身也堅固少損，就繼續放在四棰亭內供拜拜之用。見附錄照片 3：祭祀用桌之桌裙（2009/02/12 拍攝），頁 123。

〔註 31〕「斗座是承接斗栱與樑木，或樑木與樑木間的木構件，旨在傳遞重量。但在

象、虎等造型外，還有以背有雙翅的童子趴在樑上負重的造型最爲有趣（照片4）。〔註32〕這些被更換的鑿花木雕，其情況良好者與歷年整修留下的裝飾品、整建石碑放到廟後「聚善堂」共同保存。

龍德宮目前供奉主神玉皇三公主，還另副祀其他六位玉皇公主、中營元帥三太子、陪祀土地公、註生娘娘及虎爺。各尊神像的擺放位置以神格不以先來後到的順序排列，故主神玉皇三公主放在神龕中心最後方，前方從左到右橫列從大公主到七公主共七尊神像（照片5）。〔註33〕中央神龕之前的神桌則擺放中營元帥三太子，與一般宮廟擺放的位置無異。左側神龕爲註生娘娘，右側爲土地公；虎爺位在三太子神桌右側下方。在玉皇三公主的神像旁，左右塑有兩尊兵將，負責提三公主的寶劍與軟鞭（照片6）。〔註34〕三公主的造型則是身背五色令旗，一手持鞭、一手持劍、身騎麒麟，以武將的造型爲主。在民國95年的整建過程裡，新塑上述玉皇三公主旁的兩位兵將，以及四槌亭外的兩尊仙女像。

祭祀活動方面，每逢公主生日當晚舉行請壇。每個月的初一及十五則進行例行的請壇活動。若神明有事欲向信眾們宣佈，多半在例行的請壇時間降駕。如有突發緊急事項，則隨時降駕於乩身告知。請壇的時間多在晚間七點半到八點半，是爲配合村民作息，讓擔任乩身及小法的信徒在白天工作結束後有空參與廟內活動。目前龍德宮有三位乩童，分別爲主神玉皇三公主、副神三太子與玉皇四公主的乩身。三位職責分工有別。三公主負責所有的信徒祈願、廟內公事——繞境的細節、管理委員會的重大決策事項、社區平安宣導等等。一般而言，若主神降駕在場，其他兩位降駕的神明極少宣佈事情，以示尊敬。三太子身爲鎮守村落的五營總元帥，故主要負責村里平安事項。例如今年（民國99年）九月三十號，三太子突然降駕指示農曆九月初一（十月八號）到十月一個月內村民必須注意安全，及鄉老每日早晚需到五營上香。另外指示廟方準備新的平安符，供信徒取用。四公主則較少宣佈事情，偶爾受理信徒個人祈願。其他公共的祭祀活動有元宵節後的繞境鎮符、農曆七月

澎湖的宮廟裡，卻是題材表現相當豐富的構件。」同註24，頁168。

〔註32〕見附錄照片4：雙翅童子斗座（2010/10/02拍攝），頁123。

〔註33〕神龕中央的玉皇三公主塑像尺寸最大，前方七尊公主神像爲一般小型尺寸。另雕小型尺寸的三公主神像是爲了出巡而雕。見附錄照片5：七位公主神神像（2009/02/12拍攝），頁124。

〔註34〕見附錄照片6：左右兵將（2009/02/12拍攝），頁124。

十八的普度。〔註35〕

（二）靈應廟

　　靈應廟，位於講美村東北方，鄰近五營東營。建築於往東邊海灘必經道路之上，與附近民居約距 30 公尺遠。祀奉主神爲臨水夫人，副祀陳聖王、土地公。當地村民暱稱此廟爲「東邊廟」，主要由附近居民祭祀。每年農曆七月二十進行普度。靈應廟的前身爲東營，見〈靈應廟落成記〉（1914）：

> 原夫廟前之地，昔建高墩，脩我鄉安鎮之所也。自是以來，鄉中人莫不受其庇蔭焉。迨乎明治辛亥年，冬十月朔有陳長澤、陳淵堂二信士，自取慳囊，移墩建廟，塑張元帥像。子月間而廟告成。季冬碩而像安座。斯特遠近善信，熙來穰往，大非昔比。僉曰橫門斗室，容膝不堪，爰是長澤、淵堂會同本族茂金、順勝與權長、桂乾亨等，共竭綿力，以襄美舉。乃於大正二年四月八日，再將斯廟全部改築，添建前殿，兼塑陳聖王、臨水夫人暨福德正神三像。閱四月念三日，廟成而像進焉。從此廟貌輝煌，慶神居以永莫。羣黎瞻仰，賴恩庇之濟眾。僅將始末勒石以記。

大正癸丑年十月十二日吉立陳與權書〔註36〕

之後在民國 66 年改建、68 年增建四棲亭至今。〔註37〕目前東營移到靈應廟東北方約 100 公尺遠。

　　如碑記所載，將營頭改建並另迎請神明進駐，是當時陳姓信徒所主導。由陳聖王（開漳聖王）的名號可以推測，他們選擇神明的標準是以祖先與族群的信仰爲考量。由於迎來新神，這些神明的神格都比原來的張元帥高。爲了避免產生糾紛與誤會，因此將東營遷至目前位置。〔註38〕如此就從營頭轉變爲廟。靈應廟一直以來都由當時主導的陳姓信徒家族管理至今。過去公廟龍德宮管理委員會曾一度想將其納入管理範圍內，後因管理上的方便與傳統，就依然由原本的陳姓家族管理，成爲獨立的管理組織。在此也可看到當地鄉紳對廟宇經營的影響力。

〔註35〕繞境鎮符爲每年春天繞行村中各戶，更新五營竹符。意義在於去除邪祟、重啓新一年的保護。

〔註36〕〈靈應廟落成記〉

〔註37〕見〈靈應廟擴充記〉，〈靈應廟四棲亭落成簡誌〉。

〔註38〕至於何時遷移，則不可考。

（三）保安宮

保安宮，位於講美村西北方，鄰近五營北營。位置座落於講美早期的亂葬崗旁，與附近民居距離約 50 公尺遠。主祀保生大帝，副祀土地公和註生娘娘。普度日為農曆七月十二。廟前廣場有一半月型池，是其特色。當地居民稱此廟為「西邊廟」，與「東邊廟」的靈應廟相對。平時由附近居民上香打掃。一般而言，住離東邊廟較近的村民多參與該廟的祭祀活動，不會到西邊廟去，相對西邊廟的居民也是如此。然而因保安宮離龍德宮較近，因此大部分的居民多參與公廟的活動，使保安宮平日的參拜人數較少。保安宮同靈應廟一般，前身為北營營頭，利用北營旁的空地建廟。見〈保安宮簡誌〉（1979）：

> 本宮興建於壬子年季冬，亦即民國元年十二月，時由本村先賢陳長澤為發起人創建，祀奉連元帥，雖規模簡陋乃極一時之盛舉。厥後經風雨之侵蝕，斑駁不堪。民國四十七年戊戌，本村信士楊傳發為恐湮沒此事蹟，乃於同年暮春廿九日重修。總工程陸千餘元，悉由楊傳發負擔，並立碑於內，以資留念。迨民國六十七年戊子，本村信士吳榮諧，有鑑本村諸善信，日益繁盛，於是發起募捐擴大其規模，俾村民或外村民眾參香膜拜之便。於同年仲春二月破土興建，六十八年季夏竣工。同年十一月十三日入火，翌年暮春望日落成。所捐款諸善信及參與完成熱心人士勒碑記事以垂永恆，而為後人效法之意耳。〔註39〕

之後於民國 95 年重修整建至今。〔註40〕目前北營在保安宮東南方約 35 公尺處。

西邊廟與東邊廟相對，同樣由地方人士發起建廟，但從營頭轉變為宮廟的過程卻不相同。靈應廟從營頭到宮廟的過程，一直以來都是由陳姓信徒家族所主導。而當北營頭要擴建成廟宇時，選擇誰為主神的主導人就由碑記裡的吳榮諧所擔任。碑記裡並無說明選擇保生大帝為主神的原因。根據筆者的探訪，其背後有這麼一段故事：

> 之所以從營頭轉變為保安宮，主要由附近居民吳榮諧先生主導。當時吳先生為保生大帝的乩身，經營一間私人家壇，靠著通靈開藥籤而聞名。他因此賺了一些錢，還有一批信徒。吳先生認為此事業值

〔註39〕〈講美村保安宮簡誌及捐獻芳名〉民國 67 年
〔註40〕〈講美保安宮修建紀念誌〉民國 95 年

得發展，想擴展事業規模，於是發動其信徒與旅台人士捐獻建廟供奉保生大帝。廟址就選擇其住家附近的北營來改建成一棟二樓建築。起初營頭元帥供奉於一樓正殿、保生大帝於二樓。後覺不妥於是將營頭元帥移到廟外，如同本村其他營頭的形式，蓋起小廟來奉祀；保生大帝則移到一樓正殿。由於本身信仰保生大帝，在其為醫神的情況下，吳先生認為可以吸引信眾參拜，又能增加求神問藥籤的信眾。於是乎保安宮就此建立。〔註41〕

　　目前保安宮的管理情況如靈應廟一樣，組成獨立的管理委員會，不受公廟龍德宮管理。早先龍德宮曾有意願管理保安宮，但當時保安宮的出資人認為其發展是不靠龍德宮獨立而起，因此至今都是獨立管理。保安宮與靈應廟如此相同的發展軌跡，其中重要的因素為地緣關係。靈應廟地點屬於東甲範圍，建廟當時東甲地區居民多姓陳，自然就由陳姓信徒去主導，而靈應廟就稱作「東邊廟」。保安宮地處西甲，自然由附近居民主導建廟。至今也被稱作「西邊廟」。至於為何會選擇東、北兩座營頭，純屬人為運作。〔註42〕

　　講美居民早期居住在縣道203的北邊，南邊少有住家。當要建立新廟時，地點的選擇依據為距離信徒較近又有空地的地方，所以東營與北營附近的空地就成首選。兩座廟在營頭附近設立，並無奪去營頭的功用，反而加強鎮守的效力。五營為標誌村落範圍的標的物，其職能為鎮守村落邊界，避免邪祟入侵，故位置會選在村落道路出入口處。東邊的靈應廟鄰近海邊，其路段早期有「兵仔路」之稱，傳言日本兵會依路上岸；西邊的保安宮則近縣道離開講美村之處，也鄰近一早期的亂葬崗。廟址北方早期面對大海，現今填為海埔新生地。也就是這兩座廟都位於「邊界」之處。除了滿足附近居民的信仰需求外，也保護全村居民不受侵擾。

（四）天主堂與基督教會

　　除了傳統的民間信仰外，講美還有一間天主堂與一間基督教長老教會聚會所。講美天主堂建立於1960年，1975年改建。目前的規模除了教堂之外，還有一間活動中心。備有六間房間、大廳、廚房等提供旅客住宿。講美長老

〔註41〕2009/08/17於講美村採訪前任龍德宮管理委員會主委吳正利先生（63歲）（錄音檔2009/08/17訪問講美村吳正利先生001）

〔註42〕講美五營的位置是採絕對方位設置。以龍德宮為中心，北營偏西北、南營偏東南、東營偏東北邊、西營偏西南邊。內文所稱的「東邊廟」、「西邊廟」之東西是取絕對方位的稱呼。

教會的禮拜堂於 1961 年建成。在此之前，已有傳教佈道活動。天主教在白沙鄉的教堂有瓦硐村、後寮村、中屯村三處，主要活動於講美堂。基督教則在赤崁、瓦硐、講美三處有禮拜堂，目前主要以赤崁禮拜堂為中心。

（五）北天宮

北天宮為私人家廟，主祀趙府千歲。北天宮有其自己的祭祀體系，以十三太保為名，不參與其他宮廟的祭祀活動。即使如此，在每年年初龍德宮的鎮符繞境時，神轎經過北天宮時會停下致意。另外主持北天宮者為管理靈應廟的陳姓家族。

三、其他的公主神

本節將介紹台灣地區奉祀玉皇三公主的廟宇，有些從講美龍德宮分靈出去，有些則否。這些來歷不同的玉皇三公主，其信眾如何描述他們對三公主的看法？這與講美的玉皇三公主有何同異之處？同時也可見信眾如何塑造一位玉帝之女的形象。此外還介紹兩位大陸地區的公主神：固倫淑慧公主與文成公主。這兩位公主皆是歷史實存人物。且見他們如何從人而神，成神過程裡公主的身份有何影響？

（一）玉皇三公主

除了講美的玉皇三公主之外，台灣其他地方也有主、副祀玉皇三公主的廟宇。講美龍德宮為全澎唯一供奉玉皇三公主的廟宇，也曾分靈到台灣。其他地方的玉皇公主廟，則有不同的傳說與來源。目前台灣地區玉皇三公主廟的源流，主要分為台南開基玉皇宮和澎湖講美龍德宮兩脈，大多數供奉玉皇三公主的廟宇多從這兩處分靈出去。以下將介紹這些同樣供奉玉皇三公主的廟宇。

1. 高雄龍德宮

高雄龍德宮位於高雄市三民區大昌二路四十三巷七弄八號，主神為玉皇三公主，於民國 88 年由顏振盛先生、張金輝先生從講美分靈到高雄。除了主神之外，還請大公主、二公主、四公主、五公主及大太子進駐。之後當六公主七公主進駐講美龍德宮時，再將這兩位公主請至高雄供奉。目前由顏振盛先生管理，並擔任法師；顏夫人則為乩身。顏先生與其妻為澎湖人，一起到高雄生活。因顏夫人某日發生神靈附身的起乩狀態，經過顏先生詢問後發現

此神靈為玉皇三公主。經過乩身的訓練後，顏夫人成為玉皇三公主的乩身。後受到公主指示，必須到龍德宮去請五位公主和大太子分靈到高雄來。目的在於開宮辦事、維護眾生，並且訓練小法，延續澎湖的小法傳統。其顯靈事蹟眾多，曾於民國94年受到八大電視台神出鬼沒節目採訪。此宮專門幫助的對象是精神有問題或是帶有靈駕無法處理者，被犯到煞到導致身體損傷，經公主處理後再接受醫生治療就能痊癒。據顏振盛先生所言，本宮以五公主辦事最多。顏先生認為是祖廟的五公主來此坐鎮，三公主仍為主神，但以澎湖祖廟為主，授意五公主到此辦事，偶爾才會到此宮降駕。神明降駕以宣導事項為主，高雄龍德宮尚無獨立的廟體建築，在民國95年於高雄縣大樹鄉興田村購置廟地，12月動土，未來將於此興建高雄龍德宮主廟。目前於顏先生家中設神龕香爐祭拜，近似於私壇。〔註43〕

2. 台南開基玉皇宮

開基玉皇宮，位於台南市佑民街111號，為台南市歷史悠久的天公廟。〔註44〕沿革為明末漳泉人士來台發展，為求平安，於是從鄉廟迎請玉皇上帝、玉皇三公主之香火以及玉皇四太子神像至台。明永曆廿四年（西元1670年）於現址建廟，尊玉皇四太子為主神，名為玉皇太子宮，居民俗稱為四舍廟。嘉慶五年，因地震重修改建，並雕塑玉皇上帝、玉皇四太子、玉皇三公主娘的大型軟身神像。因設立玉皇上帝神像，就改奉玉皇上帝為主神，改廟名為開基玉皇宮；玉皇四太子降格為副祀神，並改稱為玉皇四殿下。此後再歷經多次重修整建至今。目前主神為玉皇上帝，副祀神為玉皇四太子與玉皇三公主。其他神明有玄天上帝、文昌君、觀音菩薩等等，能滿足信徒的需求。重大祀典為主神和副祀神的生日慶典。〔註45〕

開基玉皇宮的三公主不同於講美的武身形象，為一般的文身軟身構型。開基玉皇宮由於歷史悠久，神威顯赫，因此分靈眾多。例如台南正義堂、玉朝宮、基隆六堵慈鳳宮、台北內湖碧霞宮等等。由於分靈眾多，每座壇廟對玉皇三公主形象的解釋就各有不同。例如這些分靈廟稱呼三公主為玉皇三公主娘或三公主娘娘，其誕辰有九月初六、三月十五、八月十五等等；或是透過乩身降駕，表明三公主是武身、帶有兵權等等。然而在開基玉皇宮，玉皇

〔註43〕2009/10/17訪問顏振盛先生（錄音檔2009/10/17高雄龍德宮採訪002）
〔註44〕另一歷史悠久的天公廟為天壇，清咸豐四年（西元1854年）由官民合建。目前為三級古蹟。在台南，俗稱新天公廟者為天壇，舊天公廟則為開基玉皇宮。
〔註45〕見吳文雄，《台南開基玉皇宮簡介》（開基玉皇宮印行），頁2～8。

三公主的形象就是玉皇上帝的女兒，生日為農曆九月初六。

開基玉皇宮沒有乩童，問事確認的方式為擲筊。光復以前是透過四人抬鸞轎的方式傳達確認，但僅限於玉皇四太子。光復後取消鸞轎，改以擲筊至今。因此玉皇三公主在開基玉皇宮的形象較其他分靈廟單純，且廟方對於分靈廟形象的解釋並無提出異議，完全由分靈廟自由解釋。〔註46〕

3. 南廠武英殿

南廠武英殿，位於台南市中西區大智街一三五號。原名為集慶堂，供奉五府三千歲、金闕大帝等。後於民國53年於現址建廟，改名為武英殿。目前一樓大殿主祀五府三千歲，金闕大帝，武英大帝；左方奉祀臨水夫人，右方奉祀福德正神。二樓聖殿供奉玉皇三公主娘娘，即玉皇上帝三公主，左方則為玉皇皇太后娘娘，中央為玉皇皇太君娘娘。

民國八十五年三月信徒受三公主娘娘託夢，要其前往大陸四川省玉雲山朝天區去迎接原靈與兵馬回台，避免祖廟無香火奉祀。信眾依照玉皇三公主娘娘指示前往，並奉迎回台供奉。之後將玉皇三公主娘娘與其家人移至二樓供奉，以表示地位尊貴。據武英殿前任監察委員黃寶華先生表示，早在六十年前，玉皇三公主娘娘早已到此。當時以巡山婆姐的名義降駕解救一名孩童，民國四十年間以天皇玉女的名義於幕後指揮王爺辦事，到民國六十年間才正式稱名為玉皇三公主娘娘，正式進入武英殿供奉。早在玉皇三公主娘娘尚未到來之時，武英殿主祀五府三千歲。之後玉皇三公主派金闕大帝和武英大帝，是娘娘駕前的文武護駕前來辦事，最後玉皇三公主娘娘才降臨。即使三公主娘娘神格較高，但武英殿的主神依舊是五府千歲。三公主娘娘就以副神之姿身居幕後指揮辦事。〔註47〕因此目前為止，武英殿主要還是由王爺降駕指點。

黃先生認為武英殿的三公主娘娘與開基玉皇宮的三公主娘不同的地方，在於形象稱號與生日的不同。稱號為無極太上龍吉公主，地位高於開基玉皇宮的三公主娘。早期聽說手持法器為鴛鴦劍，做武身裝扮。目前供奉於廟中

〔註46〕2009/10/18訪問吳文雄先生。（錄音檔2009/10/18台南開基玉皇宮採訪001）又分靈廟對玉皇三公主形象的不同解釋，可參見六堵慈鳳宮、內湖碧霞宮的說法。慈鳳宮認為玉皇三公主是代戰公主的原靈；碧霞宮則認為玉皇三公主是統領三界兵馬諸神之職，為白玉三宮主。澎湖講美龍德宮的玉皇三公主才是代戰公主的原靈，與白玉三宮主不同。

〔註47〕2010/01/10於武英殿採訪黃寶華先生（68歲）（錄音檔2010/01/10台南武英殿採訪001）

的形象是手持奏板，負責向玉皇大帝稟告事情，做文身裝扮。生日為農曆二月初五，非玉皇宮的九月初六。黃先生認為可以從神明生日的不同去區分來源。至於乩童方面，武英殿有王爺乩身，也採有三公主娘娘的乩身。但後者三公主娘娘一直未降駕，原因為時機未到。故還是由王爺傳達並定奪事情。

4. 內湖碧霞宮

碧霞宮位於內湖碧山巖碧山路二九號。早期為一私壇，供奉玉皇三宮主。後因神威顯赫，信徒眾多，三宮主娘娘指示另覓新處建廟。後於於民國七十四年在內湖現址建廟，命名為碧霞宮。碧霞宮分為三層，地上一層為大殿，供奉主神玉皇三宮主娘娘；右側奉祀玉皇三公主娘娘，左側奉祀關聖帝君，地下一層供奉地藏王菩薩。

碧霞宮的主神為玉皇三宮主，乃是源自台南開基玉皇宮分靈而來。認為三宮主是「三十六天靈霄寶殿——玉皇大天尊駕前統馭三界之白玉三公主……代為管理三界統馭兵將，監制諸天聖神……」〔註48〕除此之外，碧霞宮還供奉從澎湖講美龍德宮分靈過來的玉皇三公主。碧霞宮認為三公主是代戰公主的化身，後被玉皇大帝收做義女，不同於本為玉皇大帝第三千金的三宮主。為了不讓信徒混淆，碧霞宮在兩位公主的稱號上做區分。源於台南開基玉皇宮者為玉皇三宮主（白玉三公主），自講美龍德宮者為玉皇三公主。兩者在職能上也有所區別，玉皇三公主為辦事神、武身，位於副祀；白玉三宮主為度化天緣者、文身，位於主祀。

以上各宮廟對「玉皇三公主」有著不同的描述。供奉時間最早的台南開基玉皇宮說法最少，只稱玉皇三公主娘，並無對職能與形象多作解釋。從開基玉皇宮分靈出去的內湖碧霞宮則將三公主娘改稱為白玉三宮主娘娘，職能為「管理三界統馭兵將，監制諸天聖神」。此外碧霞宮還從澎湖講美龍德宮分靈玉皇三公主至此，將澎湖的三公主與台南的三公主並列祭祀。澎湖的玉皇三公主在此出身變為西涼國的代戰公主，被玉皇大帝識其忠義而昇神成為玉皇大帝的乾女兒。碧霞宮避免稱號上的混淆，將台南開基玉皇宮的三公主娘改稱為白玉三宮主，澎湖講美龍德宮的玉皇三公主維持原稱。在位格上因澎湖玉皇三公主是由人而神，並為玉帝義女，所以低於本為玉帝女兒的白玉三宮主。最後是台南武英殿的玉皇三公主娘娘。此三公主不源於台南開基玉皇宮或講美龍德宮，而是向信徒託夢，要求其至四川玉雲山去迎回原靈供奉。

〔註48〕〈內湖碧霞宮沿革〉

稱號為無極太上龍吉公主，形象有手持鴛鴦劍的武身與手持奏板向玉皇大帝稟告事情的文身。聖誕為農曆二月初五。

不同於開基玉皇宮所描述的三公主形象，碧霞宮給三公主不同的稱號來區分另一位共同供奉的三公主。分靈廟透過乩童，描述不同於祖廟的神明模樣。在各廟尚未形成一聯合組織的情況下，只要祖廟不介入，分靈廟似乎可以自行新解神明：從生日、稱號、職能等處去做詮釋，唯一的連結只剩分靈來源的追尋。同樣也是從開基玉皇宮分靈出來的六堵慈鳳宮，主神三公主的聖誕改變為農曆八月十五，形象從早期的武身轉變為現在的文身。〔註49〕別異的原因在於這些分靈廟有乩身，信徒可透過神明降駕去詢問關於神明生平等事。在祖廟開基玉皇宮，由於目前沒有乩童、扶鸞等「直接」溝通的方式，對於玉皇三公主的解釋就留下許多空白之處等待填補。而乩身，這種「直接」傳達能代表權威的方式，正給信徒一個「完善正確」的解釋。然而在講美龍德宮與內湖碧霞宮，兩宮各有三公主的乩身，但前者對於公主的出身並無詳究，只對其稱號、打扮加以確定；後者則補上了「代戰公主」和「玉皇大帝義女」的說法。對於碧霞宮的說法，龍德宮並無反對，也無承認取用。面對這樣的情形，我們可以認為在眾多不同的解釋當中，唯一可清楚確定並節梳條理的是分靈來源。當神明來源一脈確定，各分靈廟對神明形象的解釋就可能各自發展（前提為祖廟無干涉）。

針對這種情形，有些分靈廟當初分靈時僅擲筊分香火，沒通知廟方管委會，因此管委會也不清楚到底有多少廟是私下分靈出去。在這種情形下，這些分靈廟要如何解釋神明來歷全憑自由，祖廟難以得知介入。另外若介入干涉，分靈廟自身是否願意接受也不得而知。此外，另一種可能的發展情況是透過分靈廟的「補充」，使得此神的來歷逐漸豐富完全。最後，集結並選擇這些說法的是信徒。他們是神明傳奇的再創造者，並依自身需求去選擇該相信哪種說法、哪尊神明。總之，神的來歷最終成為人的事情，在追求來源的確定感驅使之下，發展出各式各樣的傳奇內容。〔註50〕

〔註49〕 文身武身的的轉變旨在顯出玉皇三公主職能形象的多變。無論是文是武，都不影響信徒的認知。講美龍德宮則有玉皇三公主的文身畫像，見附錄照片11，頁129。

〔註50〕 同一神明不同故事最後會趨同或是趨異，甚至異同並行，皆取決於信徒的選擇。在信徒的選擇之下，神明的形象也跟著轉變。關於形象的增減選擇，可以參考杜贊奇（Prasenjit Duara），〈刻畫標誌：中國戰神關帝的神話〉，收

（二）固倫淑慧公主

固倫淑慧公主爲清太宗皇太極第五位女兒，孝莊文皇后所生，名爲阿圖。天聰六年二月生，卒於康熙三十九年正月（1632～1700），享年六十九。〔註51〕清代公主的稱呼有分固倫公主與和碩公主兩種，稱做「固倫」公主者，乃出於中宮；〔註52〕「和碩」公主者，爲其他嬪妃所育之女。〔註53〕淑慧公主於 17 歲嫁給蒙古巴林右旗（今內蒙古巴林右旗）的色布騰郡王。公主下嫁到巴林右旗後產生一連串的傳說，造成日後公主信仰的誕生。

淑慧公主的傳說主要分爲四類，爲下嫁傳說、行善傳說、遷陵傳說和顯靈傳說。下嫁傳說爲解釋淑慧公主從京城到巴林右旗途中的事蹟，主要解釋一些地名的由來。例如「猴兒沙丘」是講公主丟失寵物小白猴之處；「青瓦房」則是公主從京城帶來的工匠、僕人等陪嫁者們的落腳之處。〔註54〕行善傳說爲公主在巴林右旗生活的行善事蹟，其中有建廟造橋之事。公主建廟抄錄經書宣揚道教與喇嘛教，造成喇嘛教的盛行，因此當時巴林人就尊稱公主爲「公主媽媽」，認爲是「綠度母」的化身。〔註55〕而造橋傳說則塑造公主的神性。公主前往巴林的途中經過西拉沐淪河，眼見唐代修築的石橋已經殘破不堪，因此於在下嫁 12 年後興建新橋，稱爲「公主橋」。公主橋有兩個傳說，一個爲「選定橋址」。大意爲公主希望河中黃沙能退去，好易於建立橋基。上天聽聞後於一夜間在河中長出石島，河岸也露出石塊，使公主能方便建橋。這個故事表現出公主祈願於神明並使之實現的力量。第二個傳說是「鞭打河神」。公主先在空地將橋築好後，來到西拉沐淪河岸邊「左手捧著法典，右手拿著黑鞭……一邊高聲誦讀天書，一邊舉起黑鞭使勁抽打河水，她這是鞭打河神。

　　　　　錄於韋思諦編，《中國大眾宗教》（江蘇：江蘇出版社，2006），頁 93～115。

〔註51〕〔清〕趙爾巽等撰，楊家駱校，《楊校標點本清史稿》（台北：鼎文，1981）表，卷一百六十六〈公主表〉，頁 5272。

〔註52〕中宮者，爲皇后居住之處：「康熙以後，典制大備。皇后居中宮；皇貴妃一，貴妃二，妃四，嬪六，貴人、常在、答應無定數，分居東、西十二宮。」〔清〕趙爾巽等撰，楊家駱校，《楊校標點本清史稿》（台北：鼎文，1981），卷二百十四〈后妃列傳〉，頁 8897。

〔註53〕「中宮出者，爲『固倫公主』；自妃、嬪出者，及諸王女育宮中者，爲『和碩公主』。」同註 51，頁 5301。

〔註54〕納欽，《口頭敘事與村落傳統——公主傳說與珠臘沁村信仰民俗社會研究》（北京：民族出版社，2004），頁 90～93。

〔註55〕同上註，頁 87。綠度母爲藏傳佛教裡觀音的眾多化身之一，與其相對的有白度母。二者皆是藏傳佛教裡重要的救苦救難守護神。

黑鞭一落，水面頃刻間泛起巨浪……然後掉頭順著公主的指引，向東繞彎流進了橋孔……西拉沐淪河水從此改道從空地修建的橋底下流開了。」研究固倫淑慧公主信仰的納欽認為，這個傳說賦予公主神力，使公主為神明化身的地位更為穩固。以公主被奉為綠度母化身的角度來看，公主擁有神性並不為過，並因此使公主的威名更為遠播。〔註56〕

　　歷史上在固倫淑慧公主逝世後，原本葬在巴林塞音寶拉格山的陵墓被朝廷遷移，共改葬三次後最後葬於珠臘沁村。這幾次的遷陵原因都有解釋的傳說。首先在「公主和她的兒子」傳說中說明公主為天宮度母化身，其兒未來會當上皇帝。皇帝知道此事後下令毒殺其兒，公主因此含恨而亡。這個傳說表明公主神力能影響朝廷，導致朝廷有所防範，使得後來的遷陵傳說依此為骨幹發展起來。遷陵的主要原因是朝廷發現公主陵墓的風水極佳，能讓公主轉世爭奪皇位，因此派出風水師前往破壞風水。每當朝廷的風水師破壞風水之後，命人將棺柩另葬。可能是這些風水師鬆懈或是公主暗中影響，前兩次移葬後的風水依然能讓公主威脅到朝廷。因此最後一次的遷陵行動就徹底破壞新陵墓的風水，避免重蹈覆轍。這三次的遷陵行動是朝廷與公主間的鬥法。公主的形象從行善地方之神因此轉變為保護地方風水之神。雖然最終不敵朝廷破壞，但這些遷陵傳說宣揚公主對巴林地區的保護與貢獻，使其從一位下嫁至此的公主轉變為守護地方的女神。〔註57〕

　　前述的下嫁傳說、行善傳說和遷陵傳說，圍繞著公主在巴林地區的蹤跡。此處的顯靈傳說，則主要發生在公主陵墓所在地珠臘沁村。珠臘沁人為公主陵墓的守墓人，隨著公主陵墓的遷移定居現址，形成珠臘沁村。他們的職責是守陵祭神，稱公主為度母化身，是「公主媽媽神」。當公主陵墓遷移至此後，就發生公主顯靈事件。〔註58〕這些事件的內容有解釋公主陵寢附近景物的由來、保護陵寢不被破壞、本地人或外地人在珠臘沁村遇到危機時受到拯救等等。事件中的公主身穿綠袍出現，解決危機，其形象符合當地「公主為綠度母化身」的說法。公主在此的形象為村落保護神，對信仰祂的村民和陵寢所在處提供保護，形成珠臘沁村的公主信仰。〔註59〕

〔註56〕同註54，頁98～102。
〔註57〕同註54，頁103～135。
〔註58〕納欽，《口頭敘事與村落傳統──公主傳說與珠臘沁村信仰民俗社會研究》，頁136。
〔註59〕同上註，頁137～141。

納欽分析淑慧公主的成神歷程，認爲在一連串的傳說當中，公主的形象從單純嫁到蒙古的皇帝女兒，到擁有些許力量能感動上天及鞭打河神使河流改道的王母；死後與朝廷對抗而成地方風水保護神，最後在珠臘沁村成爲一村落守護神。〔註60〕從歷史上的眞實人物到民眾心中的保護神，公主逐漸增添神性，被認爲是綠度母化身，如媽媽般的存在。傳說是淑慧公主由人而神的重要原因，也是其信仰傳播、發展的重要因素。公主在世時與當地人民的互動，造成民眾對其感念與信任的態度，使公主過世後的一連串傳說事蹟能深入民眾心中，認爲是公主顯靈所致；民眾因此增加公主神性，宣揚顯靈事蹟。這一連串的互動與民眾心理的投射是淑慧公主如何從人而神，成爲一地方信仰的重要原因。

（三）文成公主

文成公主（？～680），唐太宗貞觀十五年（641）婚配與吐蕃（今西藏）國王松贊干布。〔註61〕文成公主嫁至吐蕃是唐朝以和親換取吐、唐兩國安定的手段。〔註62〕雖然有其政治目的，但文成公主進入吐蕃後所造成的文化衝擊與貢獻，卻是當初唐人始料未及之處。對於吐蕃人而言，文成公主的到來帶給他們宗教、文化、技術等等的改變，影響吐蕃甚巨。因此時至今日，西藏人對文成公主的尊敬和崇拜依然不減。如同過往般將文成公主視爲觀音綠度母的化身，賜與西藏無盡的寶藏。

文成公主與固倫淑慧公主一樣，在其從國都長安到吐蕃，以至於入藏之後，都有傳說的出現。例如地名傳說、建寺傳說、度母傳說等等，都在訴說文成公主的神奇以及當時民眾對其舉動的關注。地名傳說以〈日月山〉爲例：公主離開長安後，途中拜訪先嫁至吐谷渾的弘化公主。能在異鄉遇同鄉，兩人自是相處融洽。等文成公主準備繼續啓程上路時，她開始思念長安的一切以及雙親，深深認爲此生無法再回長安而深感憂鬱。護送公主回吐蕃的噶爾

〔註60〕同上註，頁143～146。

〔註61〕〔後晉〕劉昫撰，楊家駱主編，《新校本舊唐書附索引》（臺北：鼎文書局，1981）列傳第一百四十六上〈吐蕃上〉，頁5221。「貞觀十五年，太宗以文成公主妻之，令禮部尚書、江夏郡王道宗主婚，持節送公主於吐蕃。」

〔註62〕同上註。「貞觀八年，其贊普棄宗弄讚始遣使朝貢。……聞突厥及吐谷渾皆尚公主，乃遣使隨德遐入朝，多齎金寶，奉表求婚，太宗未之許。……於是進兵攻破党項及白蘭諸羌，率其紅二十餘萬，頓於松州西境。遣使貢金帛，云來迎公主，又謂其屬曰：「若大國不嫁公主與我，即當入寇。」遂進攻松州。都督韓威輕騎覘賊，反爲所敗，邊人大擾。」

東贊與禮部尙書王道宗深怕公主因此悔婚，無法向雙方君主交待。因此兩人共商一計，使公主摔破太宗所贈嫁妝的日月寶鏡，讓公主斷絕思鄉之情，堅定前往吐蕃之心。自此公主摔破寶鏡的山腰就名爲日月山。〔註63〕

文成公主將許多唐文化與技術帶入吐蕃。公主「惡其人赭面，弄讚令國中權且罷之，自亦釋氈裘，襲紈綺，漸慕華風。仍遣酋豪子弟，請入國學以習《詩》、《書》。又請中國識文之人典其表疏。」〔註64〕她改變當時吐蕃人以顏料塗面的習慣；引進絲綢，使吐蕃王室以穿著絲綢服飾爲風尙，帶動吐蕃與唐的絲綢交易。也因爲兩國姻親之故，吐蕃王室開始派遣貴族子弟前往長安留學，也請中國文人入蕃整理文書典制等等。其次，文成公主帶來許多技術典籍，有曆算、醫書、工藝等等，影響日後西藏的曆法卜算之術以及醫學、工藝建築與生產技術的發展。〔註65〕

風水卜算技術的傳入，在建寺傳說裡佔有一席之地。唐朝除了信奉道教之外，佛教也逐漸興盛。文成公主除了將工匠技術帶入吐蕃，還將佛像、佛教典籍一併傳入吐蕃王室，開啓佛經翻譯的工作。松贊干布欲興建佛寺供奉公主所帶來的佛像，其中的過程就成爲興建大昭寺的傳說。〈公主柳〉〔註66〕中提到公主以《八十種五行算觀察法》去推算，認爲藏地雪域地形如同一位仰臥的羅煞女，必須建寺鎭壓羅煞女的風水。如此才能保證吐蕃國運昌隆，並保護其他好的風水寶地。因此他們決定在魔女的心臟——臥措湖（或譯臥塘湖）建寺，透過塡湖的方式鎭壓魔女的力量。經過辛苦的工程後，大昭寺終於建成。公主在寺門前種植兩顆柳樹，作爲紀念。除了在魔女心臟上建寺之外，公主還在其他地方建寺與寶塔鎭壓風水。根據這個傳說，後人遂將這些寺廟的興建歸功於文成公主。這些行爲造成佛教在吐蕃的興盛，與當地傳統信仰結合，形成具有特殊內容的藏傳佛教。

關於文成公主成神的原因，關係到西藏獨特的政教合一社會制度。前述提到文成公主帶入佛像佛典，還參與建立佛寺寶塔以供佛的工作，都對當時佛教在吐蕃的傳播具有重要的意義。而在吐蕃人的心中，文成公主不僅帶來的文化與技術的寶藏；更重要的是她將佛教帶入吐蕃，使得佛教在此地發揚

〔註63〕丹珠昂奔，《吐蕃史演義》（河北：花山文藝，1987），頁115～123。
〔註64〕〔後晉〕劉昫撰，楊家駱主編，《新校本舊唐書附索引》（臺北：鼎文書局，1981）列傳第一百四十六上〈吐蕃上〉，頁5222。
〔註65〕張雲，《絲路文化・吐蕃卷》（杭州：浙江人民出版社，1995），頁177～181。
〔註66〕丹珠昂奔，《吐蕃史演義》（河北：花山文藝，1987），頁131～136。

光大。這種說法實際上是根據後來當藏傳佛教興盛時所編寫的藏文史籍而來。〔註67〕據學者們的研究，文成公主的確將佛教佛典帶入吐蕃。但當時吐蕃的佛教主要受到印度佛教影響，漢傳佛教作用不大；而松贊干布引入佛教則是有政治及文化的考量。藉著迎娶唐國公主的方式，引入中國文化與技術來提昇吐蕃的生產力與文化。〔註68〕

在《柱間史》中記載著松干贊布對唐太宗自述的身世：

> 我松贊干布正是西方極樂世界無量光佛，又稱阿彌陀佛或稱怙主無量壽佛的弟子大悲觀世音菩薩。……我心生悲憫，兩眼忍不住潸然淚下，從右眼滴落的淚珠化爲白度母，從左眼湧出的淚珠化爲綠度母。那白度母投胎化身爲尼泊爾迪巴帕拉王的公主尼妃赤尊……而綠度母的化身正是令嬡文成公主。〔註69〕

同樣的說法在《西藏王臣記》中可見。〔註70〕松贊干布自稱是觀音菩薩化身，其兩位妃子：尼泊爾公主與文成公主各是從觀音眼淚中化身而出的白度母與綠度母。這裡可知文成公主已經完全融入藏人的宗教觀中，不是以外人的身份被呈現出來。度母在藏傳佛教是完美女性的形象，具有慈悲祥和的特質。這源於自身爲觀音菩薩的化身，承襲觀音救度世人的情懷。至此，文成公主已經不是一位從大唐遠嫁至此的王女，而是觀音化身的神聖度母降世，來到西藏與本尊觀音所化身的松贊干布和白度母尼泊爾公主一起治理吐蕃。三者三位一體，使吐蕃成爲佛光遍照的極樂之地。

四、小　結

本章首先主要介紹講美村的人文景觀以及信仰概況，讓讀者了解講美村的現況。其次介紹目前臺灣玉皇三公主信仰的概況，主要以澎湖講美龍德宮

〔註67〕 西藏佛教弘揚期的藏文史籍，其寫作方式將佛教傳說、藏族神話與歷史事蹟融爲一體，作者爲歷代高僧。在政教合一的社會背景下，這些高僧的著作自然擁有權威性。例如藏傳佛教各派皆奉爲祖師的阿底峽《柱間史》、五世達賴的《西藏王臣記》等，都被奉爲權威經典。見汪幼絨，《公主柳——西藏文化的變遷模式》（台北：蒙藏委員會，2000），頁134～136。

〔註68〕 王森，《西藏佛教發展史略》（北京：中國藏學出版社，2001），頁2～5。

〔註69〕 阿底峽尊者發掘，盧亞軍譯，《西藏的觀世音》（蘭州：甘肅人民出版社，2001），頁153。

〔註70〕 「我吐蕃之王，乃大悲觀音之所變化，爾之公主，亦系度母化身，將迎立爲妃。」見五世達賴喇嘛著，劉立千譯注，《西藏王臣記》（北京：民族出版社，2000），頁21。

與台南開基玉皇宮為兩大出分靈出處。這兩個出處之間彼此並無密切往來，也認為自身是玉皇三公主信仰的發源。順此脈絡下去，介紹一些源自兩處的分靈廟與獨立廟宇。這些供奉玉皇三公主的廟宇對於三公主的形象描述大同小異，對於神格的解釋也各有說法。不同的說法並不改變分靈廟系出同源的歷史，反而擴大了對玉皇三公主形象的詮釋空間。

　　同樣一位「玉皇三公主」在不同的廟宇裡有不同的來歷。除了台南開基玉皇宮外，依據其所執的刀劍類法器與稱號，其他的廟宇都認為三公主擁有武身的形象。除了武身形象外，能也認為三公主在玉帝前稟奏事項並處理之，擔任文官職務。對神明形象的詮釋除了本身事蹟外，其性別成為重要的詮釋基礎。玉皇三公主以女神之姿卻能擁有武將職能，不同於一般民間信仰裡的女神。在內湖碧霞宮的說法裡，將玉皇三公主認為前身是人間的代戰公主。不同於其他宮廟，碧霞宮給予三公主在人間的事蹟與成神的原因。這個從人到神形象的延續，穩固了神明職能與形象的基礎。如同固倫淑慧公主與文成公主成神的過程，皆是當地居民感念其在建設與文化上的貢獻，以當地傳統信仰為基礎，把二位公主納入其中，認為是神明的化身。

　　另外透過請神儀式，信眾對乩童詢問神明來歷也成為塑造神明形象的重要資訊來源。從開基玉皇宮分靈出去的三公主，由於祖廟少說明三公主的來歷而使分靈廟能透過乩童而擁有較大的詮釋空間。至於從講美龍德宮分靈出去的三公主，在內湖碧霞宮這裡延續龍德宮的說法，給予了三公主在人間為代戰公主的身份。至於獨立於開基玉皇宮與講美龍德宮的武英殿，也把其供奉的玉皇三公主認為有武將職能。這個武身的形象皆存於不同來源的玉皇三公主身上。若以此為基礎，則可建立不專屬任一宮廟的玉皇三公主的「共相」。由共相所衍生的差異則存於各宮廟對玉皇三公主的解釋上。

　　武身共相為玉皇三公主的專屬標誌，那麼對其有文身的說法則因應信徒祈願所轉化出來的形象。對三公主形象著墨較少的開基玉皇宮，參拜三公主娘的信徒以女性為多，主管少年小孩之事。〔註71〕這符合一般民眾對於女神主掌孩童養育之事的看法。但事實上三公主娘在開基玉皇宮並非以專職神的姿態受信眾膜拜，同樣的其他宮廟的玉皇三公主皆是如此。因此在女神相關於養育孩童之事的性別看法外，其他信眾可因自身需求祈願於玉皇三公主。那麼玉皇三公主在玉帝前稟辦事項的文身形象，就能受理信眾的各種祈願。

〔註71〕錄音檔 2009/10/18 台南開基玉皇宮採訪 002。

換言之，在民間信仰諸神被萬能化的傾向下，表達玉皇三公主有文身的說法能減少信眾對女神有武身形象的疑慮，並以玉帝女兒的身份增其權威，給予信眾神力的保證。因此其他宮廟都有三公主為文身的說法，是在武身共相外建立符合一般信眾需求的形象。例如內湖碧霞宮將講美龍德宮的玉皇三公主定位為辦事神、武英殿的玉皇三公主指揮五府三千歲指點信眾迷津、講美龍德宮的玉皇三公主雖以武身塑像，但來祈求事業、健康、運途等居多。

在台南開基玉皇宮與澎湖講美龍德宮為主要兩脈的分靈系統裡，其所分靈出去的廟宇對於三公主都有著類似的敘述。這些廟宇都透過乩童請神來獲得相關資訊。在此也看到在祖廟不干涉的情況下，分靈廟如何解釋神的來歷，開展出祖廟所沒有的內容。未來這些宮廟是否會整合成聯誼會的組織，或是建立起關於玉皇三公主來歷的統一版本。這些傳說如何相互影響取用，甚至詮釋新的內容，都還有待更深入與長期的觀察。

第二章　公主神的形象

　　要了解神明的職能與形象，多半從傳說故事開始。在龍德宮，諸位玉皇公主的形象來源為舉行法事時所使用的咒簿。咒簿所紀錄的請神咒描寫著所屬神明的職能與服飾法器，信眾依此雕塑神像並了解神明的來歷與性質。除講美龍德宮之外，分靈廟內湖碧霞宮對於玉皇三公主有著不同的來歷詮釋，增添不同的看法。

　　對信眾而言，親身經歷或聽到的傳說故事是他們認識神明的方式之一。有別於咒簿的記載，這些故事貼近信眾的需求，或說明某些地標建物的由來。這些經驗構成他們對於神明的看法，使神明成為伴隨生命的精神支柱。

一、龍德宮諸位公主神的形象

（一）請神咒的自傳性質

　　一般而言，若要知曉神明的職能位格與形象，多半從其封號與傳說故事探究。然而本節所要討論的龍德宮諸位公主神，由於資料的欠缺並無傳記可供參考。既然如此，當今信眾又如何得知諸位公主神的位格與職能呢？他們透過降乩去詢問神明自身的位格與職能；除此之外，藉由進行法事時所唱誦的咒語亦可得知神明的來歷。

　　在澎湖地區，凡舉辦各種大小法事都需要「小法」來主持或協助。「小法」又稱做「福官」、「法官」，即是臺灣俗稱的法師或是「桌頭」。澎湖的法師派別主要有普庵派與閭山派兩種，以普庵派者居多。這些法師主要的工作是主持宮廟一年裡各大小法事，如犒軍、操營、鎮符、請壇、結界等。〔註1〕其中

〔註1〕　普庵派的祖師為普庵真人，閭山派的祖師為閭山真人。兩派最大的不同在於法事開始時，普庵派者念普庵祖師咒，閭山派者念請閭山門下靈通咒，以求

請壇一事，為神明降駕於乩身的法事。在請壇的過程中，法師與乩童相互配合，以求過程順利平安。以下簡述請壇的過程：

首先小法們動金鼓，節奏由慢到快，使乩童慢慢進入降神的狀態。〔註2〕而後唱誦請壇咒。若此廟小法屬於普庵派，則唱〈普庵大教主咒〉；屬閭山派者，唱〈請閭山門下靈通咒〉。隨後唱乩身主神之神咒，將神明請附於乩身。唱咒的節奏隨著金鼓由慢而快。坐在神桌前乩童雙手打指法，身體漸漸顫抖擺動。當身體劇烈擺動、雙手亂揮時，表示神明已經附身，稱為「上童」。〔註3〕此時金鼓的節奏最快。在乩童旁邊的法官則安定乩童的律動，負責保護乩童。當乩童開始說話，金鼓停止，身旁的法官頭負責翻譯。待所有事情交代完畢後，法官頭宣佈退駕，請壇遂告結束。〔註4〕

所附身的神明多為此宮廟所供奉的主神或旁祀神。神明會選擇一位乩童當作祂的專屬代言人（採乩），有時會出現兩位神明共用一位乩童的情形。在講美龍德宮，目前有三位乩童分別作為主神三公主、三太子與四公主的乩身。其中三公主與三太子是專屬乩身，四公主的乩身偶爾會有其他公主附身（如六公主），但此情形並不常見。

由上述的請壇過程裡可以知道，附身於乩身的神明有屬於自己的咒語。然而這些咒語從何而來？一宮廟舉辦的法事裡所需要的所有咒語都會集結成

祖師爺神力保佑。其次在請神的咒語和步罡上也有所差異。然現今已多混雜相融。關於普庵祖師的研究，可參考吳永猛，〈澎湖宮廟小法的普庵祖師之探源〉《東方宗教研究》（台北：國立藝術學院傳統藝術研究中心，1994），頁166～180。小法當中法力最高最資深者稱為法師長或法官頭，負責培育訓練小法與主持法事進行。宮廟主要的法事有犒軍、操營、鎮符、請壇等。犒軍為每逢初一十五或神明誕辰，作法犒賞鎮守五營的神兵神將。鎮符為每年一次主神出巡村里，更換五營竹符。此時小法要作為隊伍先導，到營頭換符，並到民宅前開鞭、送平安符，表示此宅獲得庇佑。請壇為請神明降壇，小法負責唱請壇咒。請壇的時間多在神明聖誕的前一夜。以上法事的相關敘述可見吳永猛，《澎湖公廟小法的功能》（澎湖：澎縣文化，1996），頁21～29。

〔註2〕乩童令鬼神降附其身而開口談話謂之降神。見林富士，〈醫者或病人——童乩在臺灣社會中的角色與形象〉《中央研究院歷史語言研究所集刊》，第七十六本，第三分（台北：中央研究院歷史語言研究所，2005），頁514。

〔註3〕又稱作「著童」、「進駕」、「上壇」。見黃有興，《澎湖的民間信仰》（台北：臺原，1997），頁105。

〔註4〕黃有興、甘村吉，《澎湖民間祭典與應用文書》（澎湖：澎縣文化，2006）頁78～80。吳永猛，《澎湖公廟小法的功能》，頁21～22。另外對於澎湖小法儀式音樂的研究與介紹，可見呂鈺義，蕭啟村，翁柏偉，《澎湖傳統音樂調查研究：小法儀式音樂》（澎湖：澎縣文化，1997）

冊，稱爲咒簿，作爲方便訓練小法與舉辦法事之用。這些咒簿爲各宮廟所藏，少有公開，外人不易見得。由於宮廟所舉辦的法事大略相同，若所供奉的神明也同，則同派法師咒簿所錄的咒語也就大同小異。因此屬於普庵派的講美龍德宮，在犒軍、操營、請中壇元帥三太子等法事的咒語就與其他普庵派的宮廟無異。〔註5〕

　　至於如何得知諸位公主神的專屬神咒，乃是透過神明附身而得。以下節錄筆者訪問現任龍德宮小法吳聖川先生（51歲）的說法：

　　問：咒簿是怎麼來的？

　　吳：咒簿喔，我現在才知道咒簿是怎麼來的，因爲六公主、七公主那時候我們沒有咒簿。祂已經來了要咒啊。說比較神的是說天上的開咒童子會下來，會來幫祂開咒、寫祂的咒、描述祂的什麼造型、什麼職位、功績、祂有經過什麼歷練，當祂的自傳就是了。這次第六第七的下來靠太子乩來開，來開咒去寫。你就照祂寫的去寫，開始抄起來。因爲那都是我在那邊記錄，那邊寫的，所以我知道第六第七那些咒是怎麼來的。

　　問：所以以前也是這麼來的？

　　吳：以前也是這麼來的。以前應該是大公主與五公主拿以前那邊的咒過來，我們就沿革抄下，照祂那些咒抄下。這次第六第七我們沒有咒，就是開咒童子下來開的，寫給我們的。祂下來就靠太子爺的乩下來開咒給我們，所以我們現在才有第六公主、第七公主的咒。所以每個公主下來祂的那個就是祂的咒都不一樣，就是祂的造型、祂是拿什麼法寶都有。〔註6〕

　　從吳聖川先生的說法可以得知，龍德宮諸位公主神的請神咒乃是降乩而得。以往宮中供奉五位公主時，咒簿只錄有五位公主的請神咒。這些神咒流傳多久已不得而知。民國95年廟體整建落成時，六公主與七公主才迎入廟中奉祀，此後加上兩位新到來公主的咒語。〔註7〕因此，當我們要探究諸位公主神的職能與形象時，在缺乏傳說的情形下，咒簿所錄的請神咒成爲唯一可憑

〔註5〕據筆者所有的《龍德宮普庵咒簿》與黃有興、甘村吉，《澎湖民間祭典與應用文書》內所紀錄的三太子咒語相比較而得。

〔註6〕民國98年四月七號於講美村訪問吳聖川先生。

〔註7〕吳聖川先生提供給筆者的咒簿是民國八十八年七月翻印的版本，名爲《講美龍德宮普庵咒簿》。後來再增印給六公主與七公主的咒語。

的文字資料。由神明附身在乩童上所「自述」出來的咒語，成爲除了信眾所創作出的傳記之外，另外一種研究神明形象的材料。此外，信眾自身對於神明的看法能描繪出另一角度的形象速寫。此與上述訪談資料中所提及的造型、功績、職位的不同點，在於信眾所認知到的是神明爲信徒辦事所得到的個人性回饋。也就是個人與神明之間所發生的交流回饋，不一定與神明本身的職位能力密切相關。尤其在萬事皆可向神求的民間信仰裡，單一神明萬能化的情形相當普遍。當然專一職能神依然擁有相當的影響力，例如專職功名的文昌帝君、求男女姻緣的月老等等。那麼就諸位公主神而言，其自身神格的職能是否符合信眾對其所求的願望？公主神的職能形象與在信眾心中的角色定位二者之間是否相符？從神明自身職能與信眾需求兩方面來相互補充，以此看待神明形象與職能如何變遷，並與信眾互動的情形。

（二）諸位公主神的請神咒

本節將羅列龍德宮七位公主神的請神咒，並從咒語建構諸位公主神的形象。另外以其他神明的請神咒相互比較，將請神咒中對於神明事蹟與特性做一探討，試圖找出請神咒如何強調神明職能與特性中的哪些部份作爲請神咒描述的內容。經過這些比較，可以將只有請神咒而無自傳的公主諸神們的性格，做更多的補充。

由於共有七首請神咒，若一一羅列分析則顯得重複與龐雜。因此以下將以請神咒中所描述性質相近者爲一組，共同分析其共有的敘述特性。〔註8〕

大公主、二公主

大公主咒

奉請玉皇大公主　　神通廣大伏邪魔

頭插瓊花身披甲　　紫袍玉帶度眾生

玉皇公主救諸苦　　邪魔鬼穢盡皆驚

若有邪魔相侵犯　　五雷霹靂不留停

有事專心持咒請　　驅邪治病保安寧

弟子虔誠專拜請　　玉皇公主降臨來

神兵火急如律令

〔註8〕　《講美龍德宮普唵咒簿》所錄各公主咒之書影，參見附錄照片，頁131～133。

二公主咒

　　奉請玉皇二公主　　神威廣大法無窮
　　金冠紫袍顯赫耀　　鳴王作相度眾生
　　玉皇公主救諸苦　　瘴癘聞名避三社
　　若有妖精侵犯境　　五雷霹靂不留停
　　普施惠澤家家奉　　驅邪治病保安寧
　　有事專心持咒請　　玉皇公主降臨來
　　神兵火急如律令

　　大公主與二公主的請神咒中以「紫袍玉帶」與「金冠紫袍」來表現其尊貴的身份。從隋唐開始到宋朝，紫色就作為朝廷三品官員以上的服色。如《隋書》：

　　五品已上，通著紫袍，六品已下，兼用緋綠，胥吏以青，庶人以白，
　　屠商以皂，士卒以黃。〔註9〕

　　玉帶：

《舊唐書》：

　　文武三品已上服紫，金玉帶。四品服深緋，五品服淺緋，並金帶。
　　六品服深綠，七品服淺綠，並銀帶。八品服深青，九品服淺青，並
　　鍮石帶。庶人並銅鐵帶。〔註10〕

　　以上這些史籍記載中，以紫為服色並以玉為帶，是唐宋之間的三品以上的官制服裝。所以大公主二公主咒中所描述的服色，正顯其身為公主的官階為何。其次二公主咒中「鳴王作相度眾生」之「鳴王」疑為「鳴玉」之誤。鳴玉同樣是作為朝廷官員的服飾象徵。〔註11〕

〔註9〕　魏徵，《新校本隋書》（台北：鼎文，1978），卷十二〈禮儀七〉，頁279。
　　　　唐制：「貞觀四年又制，三品已上服紫，五品已下服緋，六品、七品服綠，
　　　　八品、九品服以青，帶以鍮石。」劉昫，《新校本舊唐書》（台北：鼎文，
　　　　1981），卷四十五〈輿服〉，頁1952。宋制：「公服。凡朝服謂之具服，公
　　　　服從省，今謂之常服。宋因唐制，三品以上服紫，五品以上服朱，七品以上
　　　　服綠，九品以上服青。」脫脫，《新校本宋史》（台北：鼎文，1978），卷
　　　　一百五十三〈公服〉，頁3561。

〔註10〕劉昫，《新校本舊唐書》，卷四十五〈輿服〉，頁1952～1953。宋制：「太
　　　　宗太平國興七年正月，翰林學士承旨李昉等奏曰：奉詔詳定車服制度，請從
　　　　三品以上服玉帶，四品以上服金帶，以下升朝官、雖未升朝已賜紫緋、內職
　　　　諸軍將校，並服紅鞓金塗銀排方。」脫脫，《新校本宋史》，卷一百五十三
　　　　〈輿服五〉，頁3536。

〔註11〕鳴玉為擊玉或佩玉相觸所發出的聲音，後成為君臣相見時的禮儀象徵。「王
　　　　孫圉聘於晉，定公饗之。趙簡子鳴玉以相。」韋昭注：「鳴玉，鳴其佩玉以

其次就職能描述來看，大公主為「玉皇公主救諸苦，邪魔鬼穢盡皆驚。若有邪魔相侵犯，五雷霹靂不留停。有事專心特咒請，驅邪治病保安寧。」二公主為「玉皇公主救諸苦，瘴癘聞名避三社。若有妖精侵犯境，五雷霹靂不留停。普施惠澤家家奉，驅邪治病保安寧。」驅鬼邪祟、除瘴疫病為公主們的任務，這符合一般民眾對於神明的祈求內容。以雷作為驅邪的武器，是因為雷被賦予上天懲惡的表現。〔註 12〕另外於《道藏》中的《太上朝天謝雷真經》記載有天地人三界各有十二雷公：

> 天雷十二者：神霄雷公，五方雷公，行雨雷公，⋯⋯犯天令則禳此十二雷公，以免擊罪。地雷十二者：糾善雷公，罰惡雷公，社令雷公，⋯⋯凡人犯地罪，則燒香祈天請罪，以免災苦之因，禱無不應也。人雷十二者：收瘟雷公，攝毒雷公，除害雷公，⋯⋯凡人犯人罪，可燒香告斗，隨心禱祝，以免此苦厄，乃大道好生之德也。〔註 13〕

以此觀之，天神誅降罪罰乃以雷降之。至於五雷則出於道教，然而各派說法不一。有「風、火、山、水、土」等五雷以及「金、木、水、火、土」等五雷。〔註 14〕邪魔妖精者，在古代被視為瘟疫災難的來源。因此雷除了能誅降

相禮也。」見〔周〕左丘明著，〔吳〕韋昭注《國語》（台北：漢京文化，1983），卷 18〈楚語下・昭王問於觀射父〉，頁 579〜580。「天子垂珠以聽，諸侯鳴玉以朝。」范注：「君臣朝見，無不佩玉，此云諸侯鳴玉，與上天子垂珠對文耳。」見劉勰著，范文瀾註，《文心雕龍》（台北：學海，1991），卷五〈章表第二十二〉，頁 406，408〜409。

〔註 12〕 如《史記》〈殷本紀第三〉：「帝武乙無道⋯⋯暴雷，武乙震死。」，見〔漢〕司馬遷撰，〔劉宋〕裴駰集解，〔唐〕司馬貞索隱，〔唐〕張守節正義，《新校本史記三家注并附編二種》（臺北：鼎文書局，1981），頁 104。王充《論衡・雷虛》：「盛夏之時，雷電迅疾，擊折樹木，壞敗室屋，時犯殺人。⋯⋯其犯殺人也，謂之陰過，飲食人以不潔淨，天怒，擊而殺之。」〔漢〕王充著，蔡鎮楚注譯，《新譯論衡讀本》（台北：三民，1997），頁 324。

〔註 13〕 《正統道藏（第二冊）》（台北：新文豐，1985），〈太上說朝天謝雷真經〉，頁 324〜325。

〔註 14〕 雷法根源於中國東南沿海地區的雷神信仰，為道教重要的運用法術。北宋徽宗時期神霄派道士林靈素、王文卿等將其理論化、實踐化形成神霄派五雷法理論與相關法術。透過道士內在的感應存思，得以驅使雷霆來消災解厄、祈雨求晴。道教其他派別如正一派、清微派等皆有雷法，但宋朝道教雷法則以神霄派為主流。神霄派雷法理論多存於《道法會元》；《道藏》所存者多與九天應元雷聲普化天尊的信仰有關。南宋末期金丹道南宗傳人白玉蟾則將神霄派雷法與內丹丹道融合，形成新神霄派。由於神霄派在北宋徽宗時期極盛，

於人之外，也能擊退邪魔鬼怪的騷擾，使人界恢復正常。〔註15〕

2. 三公主、四公主

三公主咒

奉請玉皇三公主　　身在天曹騎麒麟

手持彈弓出行兵　　手執金鞭蓋紫雲

身受玉帝天帝女　　願降陽間度眾生

變化壇前坐蓮花　　符法敕水保安寧

代天行化人長生　　金鼓鬧響是咒請

弟子一心專拜請　　玉皇公主降臨來

願降臨來呵彌陀　　願降臨來呵哆嚕

神兵火急如律令

四公主咒

奉請玉皇四公主　　蒼頭白面喜笑顏

吾在天宮好遊戲　　玉皇敕賜忠義王

騰雲駕霧到陽間　　身穿金甲騎麒麟

手執平安救苦經　　天兵隨侍听吾令

妖精侵犯听吾殺　　今鼓響鬧是吾遊

弓弦聲向（響）是吾彈　　欣欣喜喜是吾樂

弟子一心專拜請　　玉皇公主降臨來

願降臨來呵彌陀　　願降臨來呵哆嚕

神兵火急如律令

其雷法成為當時道教法術的代表。此後透過白玉蟾的改造，及其他派別如正一派、清微派的雷法宣揚，雷法成為道教重要法術理論之一。以上見李豐楙，〈道教神霄派的形成與發展〉，《幼獅學誌》第19卷第4期（台北：幼獅文化，1987），頁146～169。劉仲宇，〈五雷正法淵源考論〉，《宗教學研究》第3期（四川：四川大學宗教研究所，2001），頁14～20。李遠國，〈道教雷法沿革考〉，《世界宗教研究》第3期（北京：世界宗教研究雜誌社，2002），頁88～96。

〔註15〕　與五雷相關的神明有五雷元帥，是俗稱的雷公。以手中斧鑿擊殺惡人與暴殄糧食者。見增田福太郎（1903～1982）原著、黃有興譯，《台灣宗教信仰》（台北：東大，2008），頁190。道教則奉九天應元雷聲普化天尊為雷部之首：見〔清〕張廷玉等撰，楊家駱主編，《明史》，（臺北：鼎文書局，1980），卷五十〈禮志四〉，頁1307：「尚書周洪謨等言：雷聲普化天尊者，道家以為總司五雷。」《正統道藏（第二冊）》（台北：新文豐，1985），〈九天應元雷聲普化天尊說玉樞寶經〉，頁318：「所以總司五雷。天臨三界者也。」

　　三公主神咒裡所表現出來的形象與職能，在從其封號中顯現。三公主的封號爲「無極天大統帥」。〔註16〕當地信眾認爲三公主爲帶兵的元帥，統領天上的兵權，負責守護西瀛地區，〔註17〕以斬妖除魔爲職能。「手持彈弓出行兵，手執金鞭蓋紫雲。」表示其武身的身份。「無極天」是從道教的諸天的概念變化而來，並與周敦頤《太極圖說》中「無極而太極。太極動而生陽；動極而靜，靜而生陰。」的觀念相互混雜。認爲無極生太極，是先於太極萬物。因此無極天爲諸天之首，諸天之尊。另外民間有《太上無極混元眞經》鸞書一部，其中序言：「無極者，無極天也。眞仙之所居，位於十三天外。又曰：無極生太極，太極生兩儀者也。」〔註18〕所以神明來自於無極天者，其神格的位階與修爲層次皆高於其他諸天。因此民間有許多廟宇會冠上「無極」來表示其主神的身份與境界。〔註19〕由此觀之，三公主爲無極天中掌握兵權之統帥。民間信仰中玉皇大帝爲神界最高統領，並無嚴格如道教中玉皇大帝位於三清之下的觀念。因此將玉皇大帝歸於諸天之首的無極天，那麼其公主自然就爲無極天中之神了。〔註20〕

　　四公主如同大公主、三公主一般，皆身穿金甲騎麒麟，表示其有武將的身份。以忠義受封。自古以來於史籍中被稱作忠義者，多爲爲國奮戰，以不辱君王與自身名節之人。因此四公主咒中被受封爲「忠義王」，與後句「身穿金甲騎麒麟」的武將身份相互結合，試圖營造出四公主身份與封號的相合性。此咒不同於前面三者，有較多的個人特質描述。如「蒼頭白面喜笑顏」、「吾在天宮好遊戲」、「欣欣喜喜是吾樂」，給予四公主活潑好動、喜顏歡笑的形象。因身爲武將的身份，自然也能調動兵馬與斬妖除魔：「天兵隨侍听吾令」、「妖精侵犯听吾殺」。與前述大公主到三公主的不同，在於描述其性格本身的活潑歡喜，降低身爲武將的殺戾之氣。此外法器爲經書而非武器，以號令的方式

〔註16〕 此封號的來源爲神明降乩所言，至於何時所言，已不可考。

〔註17〕 〔清〕林豪原纂，《澎湖廳志》（下卷）：「澎湖，一名澎瀛，猶言澎海也。或謂之西瀛，以臺灣別號東瀛，澎在臺西，故稱西瀛也。」收入《臺灣史料集成——清代臺灣方志彙刊》（台北：文建會，2006），頁493。

〔註18〕 《太上無極混元眞經》台中聖賢堂聖賢雜誌社。

〔註19〕 鄭志明，〈臺灣靈乩的宗教型態〉，收入氏著《臺灣傳統信仰的宗教詮釋》（台北：大元書局，2005），頁135。冠上「無極」的宮廟有新北市中和無極宮，主祀玉皇大帝；高雄大寮無極龍鳳宮，主祀王母娘娘；淡水無極天元宮，主祀無極老祖等。

〔註20〕 由於目前只知三公主的稱號爲無極天大統帥，不知其餘六位公主的稱號。故無法從稱號判定其他六位公主是否同爲無極天中之神。

調動兵將除魔，描繪出發號施令為主的謀將形象。

　　咒簿描述其出現時的情狀：「今鼓響鬧是吾遊」、「弓弦聲向是吾彈」。「今鼓」可能意指「金鼓」，為宮廟舉行儀式或請壇時，小法所敲擊的大鼓。至於弓弦聲則可能是四公主彈奏樂器的聲音。連接於下句的「欣欣喜喜是吾樂」，呈現出一幅四公主降臨於世的景象。

3. 五公主

五公主咒

奉請玉皇五公主　　　靈育魂遊神仙府

天宮紫闕時步珠　　　玉殿瑤池日居處

奉獻異果是金童　　　勲供奇化乃玉女

顏色似同雪與霜　　　笑顏永類風和雨

月姐精明隨駕車　　　雲師談蕩染黼蔽

龍袍飄颻似龍飛　　　鳳冠麗結如鳳舞

弟子一心專拜請　　　虔誠焚化香三註（炷）

得請公主來降臨　　　神通大展遍環裕（寰宇）

神兵火急如律令

　　五公主咒在七條公主咒中最為不同，因為此咒並無明顯描述出五公主所持的法器與職能。在咒中我們見到一位在天宮無憂享樂的公主。有金童玉女在旁獻異果奇花、與月亮共遊天際，與雲師織染衣服上的紋飾。在服飾的描寫上，「龍袍」主要為皇帝朝服，明清尤重。但皇子皇女依然能穿龍袍，只是樣式不同。〔註21〕無論如何，服飾依然是咒中表明身份位階的要素。就職能方面，不如前面幾位公主描寫明確。以「神通大展遍環裕」一句來表示其神通廣大之外，就無再描寫。

4. 六公主、七公主

六公主咒

奉請玉皇六公主　　　神遊幻化靈霄府

〔註21〕《清會典》：「固倫公主：朝褂：繡行龍，前四後三，垂條金黃色，雜飾皆宜。吉服褂：繡五爪，金龍四團。前後正龍，兩肩行龍。朝袍用香色，繡文，前後正龍各一，兩肩行龍各一；襟行龍四，披領行龍二，袖端正龍各一。袖相接處，行龍各二。垂條金黃色，雜色惟宜。」〔清〕崑岡等修，《欽定大清會典》卷二十九，收入《續修四庫全書》史部政書類（上海：上海古籍出版社，1995），頁267。

手執金釵揮天輪　　　腳踏蓮花任遨遊
身是天宮紫閣主　　　靈差官將莫不從
太上學法道無邊　　　召喚斗宿定禍福
天罡地煞吾差遣　　　不讓邪魔侵世間
男女老幼誠心請　　　一切災央化為塵
鳳冠珠結風雨至　　　降臨凡塵收煞改
弟子有事尊咒請　　　速下瑤池降臨來
神兵火急如律令

七公主咒：

奉請玉皇七公主　　　神威顯赫法無邊
身伴玉帝隨身後　　　凡間奏聞吾時見
文武百官相奉隨　　　文武官將由吾奪
金堦銀堦由我評　　　書香及第由吾令
諸員官將莫不從　　　手持如意定世間
手捧金球內藏法　　　打開金球耀天門
諸邪群魔由吾斬　　　絕不輕放擾世者
玉皇公主救諸苦　　　玉皇公主渡萬劫
有事梵香持咒請　　　腳踏蓮花到凡塵
弟子一心專拜請　　　玉皇公主降臨來
神兵火急如律令

　　六公主的法器為金釵天輪，身為紫閣主。〔註 22〕因此身為天宮行政處長官的六公主，自然能「靈差官將莫不從」了。就職能而言，六公主能「召喚斗宿定禍福」〔註23〕、「天罡地煞吾差遣」〔註24〕是為天宮行政總管，主要調

〔註22〕紫閣是對中書省的非官方稱呼，為唐玄宗開元元年（713）對中書省名稱的改變：「開元元年，改中書省曰紫微省，中書令曰紫微令。」見宋・歐陽修、宋祈撰，楊家駱主編，《新校本新唐書附索引》（臺北：鼎文書局，1981），卷四十七〈百官二志〉，頁1211。因此後代就將紫閣作為高官的代稱。

〔註23〕斗宿為南斗六星，與北斗相對。俗有「南斗註生，北斗註死」的說法。見，〔晉〕干寶撰，《搜神記》（台北：世界，1987），卷三，頁21。另有主宰天子之壽與百官爵祿的功能。見《隋書・天文志》：「南斗六星，天廟也，丞相太宰之位，主褒賢進士，稟授爵祿，又主兵。……亦為天子壽命之期也。」見魏徵，《新校本隋書》〈天文志〉（台北：鼎文，1978），頁545。

〔註24〕天罡地煞者，是民間熟知的三十六天罡與七十二地煞。三十六天罡為天兵，

動天上官將與掌握人間禍福。

七公主在咒中所描述的職能與六公主相似。首先「身伴玉帝隨身後，凡間奏聞吾時見。」表示其處理人間百事。而「文武百官相奉隨，文武官將由吾奪。金堦銀堦由我評，書香及第由吾令。諸員官將莫不從。」則表示七公主主管天宮人事，定其等第。以此也可以引申為七公主也掌管人間官職的錄用。七公主與六公主同樣為天宮行政體系一員。六公主總理行政，七公主則管理人事。雖然主掌官職等第的任用，但七公主依然有斬妖除魔的能力。聽聞人間持咒請降時，依然會下凡塵來渡化萬劫。

（三）分　析

經過以上對七位公主的請神咒之介紹後，我們可以對七位公主的形象和職能做一簡單的分類。大公主、二公主、三公主與四公主形象偏向帶兵打仗的戰神。其請神咒中提到身披戰甲、手持金鞭彈弓，或是以五雷霹靂來擊殺邪魔妖精，以這些敘述來建立起自身擁有武力的形象。就民間信仰中所崇拜的女神而言，擁有這種勇猛武威的形象並不多見。另外六公主與七公主則是以掌握人間禍福名祿的職能為主，其形象為在天宮主掌行政事務的神明。就民間將天庭看作是人間世界的翻版觀念出發，一國之安定基本上需要穩定的內政以及能保家衛國的國防武力。因此以上六位公主在咒中所呈現出來的形象與職能，基本上符合穩定「國家」內外所需的政治與武力。至於五公主就不屬於這個天宮行政體系中的一員。請神咒中明顯的表示出五公主為生活在宮中無憂無慮的皇女，無須擔任何官職。就現實人間宮廷裡的公主生活來看，五公主才符合人間公主的生活處境。歷代宮廷官職皆由男性擔任。公主雖然能受封享有俸祿，但不任職官，更何況擔任武將。即使如此，諸位公主神的形象與職能分工，符合民間信仰中對於天庭形制如人間的想像。

四公主咒中「玉皇敕賜忠義王」所透露的線索，是利用受封職稱來解釋身為公主而能介入人間，行使神威的權力。除五公主咒之外，其餘六位公主雖無在咒中明確說明其職稱，但就描述中隱喻著公主們擁有官階。神明如官員的觀點將眾神依其職能安排分類，更重要的是解釋神明顯示神力的正當性。就玉皇公主們而言，介入人間必須師出有名。最佳的方式是進入神明如官員的詮釋系統當中，給予他們官階。另外的效果是官階封號能說明其職能

七十二地煞為地兵，皆屬於天界的軍警系統，稱作神將。見黃有興，《澎湖的民間信仰》（台北：臺原，1992），頁131。

內容，使名實相符。

其次就服飾方面，諸位公主神的服飾描寫多能表示其身爲公主的身份。此處我們透過史書對於服制的記載來確認諸位公主神的服色是否相應，得出大公主與二公主對應的朝代約從隋唐至宋，五公主爲清。但由於資料的嚴重缺乏，並不能因此認爲這就是這些公主神被崇拜的最早時間。且隋唐至宋之間跨度過大。在有更多的資料出現之前，我們無法推論這些公主神被崇拜的最早時間，以及選擇這些朝代服色作爲表示公主身份的原因。但也顯示出信眾對於天庭官員的想像與看法，透過綜合古代官位服色的衣著來表示神明的高貴與地位。

上述提到五公主並無如其他公主一般擁有職位，但祂依然能降臨人間大展神通。面對信眾的呼喚，這七位公主皆能有所回應。在民間信仰裡，一尊神明透過回應信眾的呼求而得到香火崇拜，替他們解決生活上的危難。因此諸位公主神的請神咒中皆有相關的敘述：

1. 大公主：「有事專心特咒請，驅邪治病保安寧。弟子虔誠專拜請，玉皇公主降臨來。」

2. 二公主：「普施惠澤家家奉，驅邪治病保安寧。有事專心持咒請，玉皇公主降臨來。」

3. 三公主：「代天行化人長生，金鼓鬧響是咒請。弟子一心專拜請，玉皇公主降臨來。」

4. 四公主：「妖精侵犯听吾殺，今鼓響鬧是吾遊。……弟子一心專拜請，玉皇公主降臨來。」

5. 五公主：「弟子一心專拜請，虔誠焚化香三註。得請公主來降臨，神通大展遍環裕。」

6. 六公主：「鳳冠珠結風雨至，降臨凡塵收煞改。弟子有事尊咒請，速下瑤池降臨來。」

7. 七公主：「玉皇公主救諸苦，玉皇公主渡萬劫。有事梵香持咒請，腳踏蓮花到凡塵。」

這些咒語表達了神明能爲信眾解決日常生活中的重大困擾：事故與疾病。並且在擊殺妖鬼以禳除邪祟之外，還能回應信眾關於生活與事業的祈求。所以即使上述提到大公主、二公主、三公主，四公主以武身形象示現，但從爲信眾表示其職能以獲得信眾祈求的角度來看，請神咒做如此的描寫並不爲

過。就這點來看，即使是沒有明確職能描寫的五公主，也要能展現其神通解決信眾困擾。主要職能爲行政職務的六公主與七公主，也有「降臨凡塵收煞改」、「諸邪群魔由吾斬，絕不輕放擾世者。玉皇公主救諸苦，玉皇公主渡萬劫」的描寫，目的就在於強調神力所及之處，以獲得信眾的祈求與香火供奉。最後這些咒語皆表達如何請神降臨的方式。透過焚香祝禱，專心持咒，就能獲得神明保佑。

（四）武身的形象整合

請神咒呈現出三公主的武身形像，並被信徒們形塑於神像之中；以身騎麒麟、背負四色令旗、左持七星劍，右持刺球的模樣接受參拜。〔註 25〕作爲一位天上的兵馬統帥，並被其他宮廟認爲前身爲代戰公主的玉皇三公主，與講美先民的首次接觸卻是以救難的姿態出現。神明職能與本身形像之間的附合，受到神明傳說與信眾要求的影響，產生多樣的變化。

杜贊奇（Prasenjit Duara）認爲神明職能形象的變化，是一種「刻劃標誌」的行爲。他以關帝多樣化的形象：佛教守護神、財神、忠誠守信的形象等一連串的變化過程爲例，說明不同的關帝形象之間並不相互衝突，反而有內在的聯繫。「關帝」這一象徵被不同的社會群體取用，並以符合自身利益與環境的角度進行詮釋。因此關帝神話呈現連續性的發展，而其中的不連續性來自於各種不同的形象解釋。新舊與內容相異的詮釋內容之間並不爭奪一個對關帝形象獨霸性的定義解釋，反而開放了關帝形象的詮釋空間。以關帝作爲核心，開展出詮釋形象的活躍領域。〔註 26〕康豹（Paul Russell Katz）認爲杜贊奇的說法是一種「疊加」的過程，爲「新的形象被嫁接到較早的形象之上」。他另外提出「並生」的概念，說明「同一時期的文本會發現對同一種神仙的不同描述」的現象。〔註 27〕

〔註 25〕 實際上三公主請神咒中並無手持七星劍與刺球的記載。七星劍與刺球都是「五寶」：七星劍、鯊魚劍、刺球、月斧、狼牙棒這些乩童降神時專屬的法器，多用於展示威嚇與乩身附神時以此自傷，表現不畏疼痛流血的神威。吳聖川先生表示三公主的塑像以七星劍與刺球爲法器，斬妖除魔的保護能力。（民國 98 年四月七號於講美村訪問吳聖川先生。）筆者認爲此舉取用了七星劍與刺球在實際儀式裡的威嚇意義，能直接表示三公主的武身形象外，也明確向信徒展示除魔的力量。

〔註 26〕 〔美〕杜贊奇（Prasenjit Duara），〈刻劃標誌：中國戰神關帝的神話〉，收入韋思諦編，陳仲丹譯，《中國大眾宗教》（南京：江蘇人民出版社，2006），頁 93～114。

〔註 27〕 〔美〕康豹（Paul Russell Katz）著，吳光正、劉瑋譯，《多面相的神仙：永

　　以上對於神明形象的研究，說明了形象的增生背景與原因，以及詮釋空間的活躍與並容。這同時也是神明趨向「萬能化」的原因之一。三公主的武身形象是為最初的「個人特質」。然而在信眾的祈願裡，三公主則成為保佑運途與祈求平安的對象。逐漸脫離原來的專職武將形象，成為庇佑鄉里的女神。這文武之間的整合過程，透過村落公廟主神的護境職責將武將形象化歸於例行職能，

　　並調和以女神的慈愛特質，形成信徒口中既威猛又慈悲的玉皇三公主。

　　對於三公主武身形象的描述來自於咒簿的記載與封號。同樣在咒簿裡，可以見到不同神明但內容相似的記載。如中壇元帥哪吒三太子：「手執金槍抱繡球。繡球打開百萬兵……三壇會上展威靈，百萬兵馬到壇前。」、「哪吒統領大天兵……打開綵內百萬兵……收斬天下諸魔鬼。」等。〔註28〕此外，在〈鎮營咒〉裡有「頭載頭鍪身帶甲，手執令旗騎寶馬。千萬軍馬齊英雄，威靈顯赫展神通。」〔註29〕這些咒語，都與五營信仰有關。

　　五營信仰為一種軍事象徵。透過五營的安放與定期巡狩，神兵鎮守著村莊邊界，防止邪祟入侵以維護平安。此舉不但劃分出村莊的邊界內外，也成為公廟主神轄區範圍的表示。在村落例行性的鎮符繞境活動當中，主神將逐一巡視村落各處，並更換五營竹符以更新神力。公廟主神統御五營兵將，呈現出「中央——四方的空間思維」。並在鎮符繞境後的犒軍、收兵儀式裡，具體而微的表現五營信仰的軍事體制。〔註30〕

　　作為主神的玉皇三公主，自然具有調動麾下五營兵馬的職權。〔註31〕其本身兵馬元帥的形象，更容易與五營信仰的軍事象徵結合。這樣的結合強調了主神調動兵馬的權力，加強信眾在繞境儀式裡得到的淨化意義。然而在民間信仰裡，公廟主神為誰並不影響其擁有調動五營兵馬的權力：

　　　任一區域性的神明，如關帝、大道公、媽祖、佛祖、萬善爺、大眾

樂宮的呂洞賓信仰》（濟南：齊魯書社，2010），頁108～109。

〔註28〕〈請中壇元帥咒〉與〈請三太子咒〉，見《講美龍德宮咒簿》。

〔註29〕〈鎮營咒〉，見《講美龍德宮咒簿》。

〔註30〕李豐楙，〈「中央——四方」空間模型：五營信仰的營衛與境域觀〉，《中正大學中文學術年刊》，第15期（嘉義：中正大學中文系，2010），頁57～59。

〔註31〕「五營兵將可說是派駐各地方的軍隊，依五方配置來負起守衛境域的責任。而掌理、調動此一部隊的兵權在當境的主神。」見許宇承，《臺灣民間信仰中的五營兵將》（台北：蘭臺：2006），頁11。

爺、甚至平埔族的阿立祖等等，都可以備有五營神兵；換句話說，何種神明能擁有五營神兵並不重要，重要的是祂的勢力範圍與角色問題，只要是角頭身份，祂是某村或是某庄的主神，那麼祂就有資格而且必須具有兵權以防衛庄頭。〔註32〕

雖說三公主兵馬元帥的形象能強調調動五營兵馬的權力，但實際上由於主神皆擁有兵權，其強調的效果就被弱化。在調動五營兵馬的主神權力範圍裡，三公主的武身形象被稀釋成「職權相符」的情況。因此武身所擁有的除妖斬邪的象徵回歸到神明自身所顯現的神蹟故事當中，以個人特質的姿態被強調，特立於與其他神明不同之處。

從主神的角度出發，調動五營兵馬的護境象徵實屬必然，因此三公主的武身形象就被弱化在主神的觀點下。若以神明特質的角度來看，三公主的兵馬元帥身份則加強了護境儀式裡的軍事神威，更重要的是強調了顯靈故事裡神威顯赫的力量來源。武身強化了除妖斬屬的護境功能，讓主神庇佑村里與外地信徒的能力有所根據，也成為吸引民眾參拜的原因之一。綜觀七位公主的請神咒，可見七位公主的職能分工。大公主到三公主為武將身份，四公主轉折為手持經書，發號施令的謀將，逐漸淡化武將色彩。五公主為身處天宮生活玩樂的公主。至於六公主七公主則成為行政職官，掌理人間職官禍福。七位公主的職能分佈與變化，包涵了人間信眾對神明祈願的各項內容。

在講美龍德宮的參拜型態中，專職的分工神僅有土地公與註生娘娘。玉皇三公主以主神之姿帶領其他公主受理信眾的各種需求。〔註33〕廟方並無將各位公主獨立供奉，並標明職能。實際上一般信眾對於其他公主的職能所知不多，除非透過咒簿才能了解。此外參拜模式是向主神祈願，而非獨立向某位公主祈願。因此在祈願參拜的過程當中，三公主主神的地位被凸顯出來；作為接收祈願並反饋的傳達者，三公主的職能範圍將會隨著祈願成真的內容擴張。請神咒所載的內容從職能的描述轉變為來歷背景，神明逐漸從專職走向萬能。那麼其他公主神所屬的分工神形象將被統合到主神三公主身上，使三公主擁有多功能的特性。因此其他公主神的職能色彩如果不透過顯靈降乩

〔註32〕黃文博，《台灣信仰傳奇》（臺北：臺原，1989），頁39～51。
〔註33〕七位公主是否組成團隊接受信眾祈求？在咒簿的記載當中並無提及此事。之所以有組成團隊的想像，源於三公主被講美先民奉為龍德宮主神，其他六位公主都是隨著三公主被分靈到澎湖來。目前的參拜型態並無獨立向各位公主祈願，而是以主神三公主、副祀神六位公主的方式為主。

傳達出來，則被弱化至一般配祀於主神身旁的配祀神。產生形象變化的原因除了信眾祈願對象與內容的影響外，諸位公主缺乏傳說故事流傳與請神咒資訊有限，兩者的空白造成神明特質的逸散，往主神集中並依附成為主神特質之一。此空白本為增添形象和推廣信仰的著力之處，但在缺乏故事創造與參拜模式的影響下，造成分工神消失萬能神興起。主神三公主的職能開始擴張，其他公主神的職能僅能從咒簿記載或偶爾降乩指示才能知曉。

二、信眾眼中的公主神形象

上一節以咒簿所錄的請神咒為討論對象，試圖從中建立起諸位公主神的外在形象與職能。本節則從信眾的角度出發，透過從田野調查中所蒐集到的與三公主相關的傳說故事，建立起信眾心中所認識的三公主。

咒簿所錄的請神咒雖然較為詳細的描寫諸位公主神的形象與職能，但因請神咒的性質屬於請壇法事時，負責儀式進行的小法們與法官頭所用，並不隨意外流到一般信眾之間。所以一般信眾們不易得知請神咒的內容。〔註34〕信眾們所認識到的，是他們自身與神明接觸時所「感應」到的經驗判斷，以及過往從他人或書籍上所聽到或看到的相關傳說故事。前者透過經驗加強對此神明的信仰；後者則以故事的形式建立起對神明的基本認知。這兩者相互影響，並無固定的發生順序。與請神咒的記載相比，或許有符合與相異之處。然而因流傳層面與影響作用的緣故，信眾經驗到的事蹟與故事才是建立神明形象的重要區塊。請神咒的記載與信眾經驗的故事二者所表現出的神明形象並不衝突，且就小法與一般信眾之間對神明的認知也不衝突。一旦儀式結束，小法們的身份就如同一般信眾。小法或法官頭閱讀請神咒的記載，對神明形象的認識不同於一般信眾。其次，因為每次請壇過程中都必須要小法幫忙唸咒、敲鑼打鼓、幫助乩童等等，所以當神明透過乩身指示或為信徒解惑時，小法們都身處第一現場。因此自然而然的他們對於神明事蹟的感受與經驗就容易與一般信眾來得多。神明降乩所指示的事情略分兩種：一為公事，為宮廟的公共事項。如何時舉行繞境、何時舉辦活動等等。二為私事，為信眾向神明問事尋求解答。這兩類事情都可能成為信眾認為的神明靈驗的事蹟。所以在儀式場合裡的小法與信眾都會接觸到相同的內容。因此即使小法得知請

〔註34〕雖然唱請神咒的請壇法事屬於公開場合，但由於節奏與發音的關係，並不容易聽出請神咒的內容。

神咒的記載，但是實際的降乩過程中所得到的訊息與信眾無異。那麼二者對於神明形象的認知就不會產生衝突。

最重要的，在民間信仰當中實際的感受經驗所帶來的影響遠比閱讀傳說來得大而深遠。讓非信徒者成為信徒的最快方式就是實際感受到神明的威力，信仰範圍的擴展也依靠於此。所以在請壇降乩的儀式當中，小法與信徒共處在公開的場合裡，以自身對神明的信仰為基礎，讓請壇降乩的神威展示強化對神明的信仰程度。在這公開的儀式當中所獲得的，是對神明形象的構築體驗。就這點而言，小法與信眾是相同的。況且神明顯靈的場合並不限於請壇儀式，任何的時間地點都有可能對信眾顯靈。這些對信眾來說是活生生的體驗，也是傳說故事的素材來源。與知曉請神咒內容的範圍較小也較「專業」的情況相比，廣大信眾的體驗故事更為鮮活強烈，傳播的範圍更廣。因此在建立神明形象的過程當中，信眾的認知是最重要的材料。

首先列舉講美當地民眾對三公主顯靈事蹟的描述；其次以從澎湖講美玉皇三公主分靈過去，並對玉皇三公主的身份來歷有不同解釋的內湖碧霞宮為例，建立起信眾眼中的三公主形象。

（一）講美當地信徒的傳說

1. 測試神明

此節主要以講美村當地信眾的看法為主，從他們所述說的故事中建立起玉皇三公主的形象。首先是「測試神明」的故事。筆者訪問現今龍德宮三公主乩身，郭百闖先生。他表示有些法師對於三公主不尊敬，往往有測試真假之心。然因神威浩蕩，這些測試神明的法師有時都沒有好下場。郭百闖先生與洪春蘭女士提供筆者以下多則故事，節錄整理如下：

> 以前有法師趁著龍德宮請王爺進駐的時候，想測試玉皇三公主。三公主知道後警告對方不可如此，以免在王爺面前失了面子。對方不聽強行測試，讓三公主的乩身倒下。等三公主再次附身後，怒告對方活不過四個月。果然不到四個月就死了。〔註35〕

> 有次送王送到『平嶼腳』，〔註36〕準備送到鎮海村去。鎮海村有個名叫石鐵的人，是個法官頭。見到三公主站在轎上送王時，想測試是

〔註35〕故事由洪春蘭女士（70 歲）提供，2009/07/15 於講美村採訪。（錄音檔 2009/07/15 訪問洪春蘭女士 001）

〔註36〕講美村港口外的無人島。

真的還是假的。對方還未測試時三公主就先施法讓他倒下。後來是
石鐵的親人到廟裡求三公主，石鐵才恢復正常。〔註37〕

這種測試主要是測試神明是否真的有附身於乩童身上，稱為「試童」或
「試神」。測試者本身需要經過相關的法術修行，擁有法力。在乩童起乩之
後，以指法「退神指」指向乩童。若神明真有附身，則馬上退神，乩童倒下。
旁邊的小法需馬上保護乩童，使其恢復意識。若無神明附身，則乩童照常做
起乩樣，為假。「試童」的目的約有兩種：一為測試者驗證所學是否為真，
二為欲給乩童、廟方難堪。〔註38〕

兩則故事的背景都與請王送王有關。龍德宮本身並無供奉王爺，因此請
王與送王就屬於非常態的事件，需要舉行較盛大的儀式。在此眾人圍觀的情
形裡，讓三公主的乩身突然退神倒下，必然造成轟動與廟方難堪。神明在兩
則故事裡的處理方式有所不同：在王爺面前倒下讓三公主失了面子，測試者
不聽警告就以死罰之；三公主先施法使測試者倒下，避免發生難堪。神威的
顯現與不同情況的反應帶給受訪者對於三公主個性的想像。

2. 解除災禍與指示辦事

其次為神明指示辦事與解除村中災禍的故事。故事背景為有位村民不小
心破壞風水，導致村里不平安。主神玉皇三公主指示要取石立碑，才能解決
禍端：

> 有一位名叫洪高輝的村民去崙仔頭做事，不小心去挖到龍喉。〔註39〕
> 之後社里就不平安，有些人出血死亡。主公三公主就降駕指示，要
> 村民去祭拜。怎麼祭呢？叫一位名為黃財的村民到村莊東北方去取
> 石打碑。黃財依指示去取石，果然如指示般挖到。後來將此石依三
> 公主指示的尺寸打成碑，並在在某日的晚上十二點，帶著犁頭、生
> 炭、一隻白雞去祭拜立碑。本來那天晚上風很大，但立碑的時候風

〔註37〕故事由洪春蘭女士（70 歲）提供，2009/07/15 於講美村採訪。（錄音檔
　　　 2009/07/15 訪問洪春蘭女士 001）。
〔註38〕2011/04/09 電話訪問蔡冠宇先生（27 歲），現為馬公市案山里北極殿小法。
　　　 在此特別感謝。另外余光弘提到：「乩童不僅會遭受邪穢的侵害，也常成為
　　　 他村及外來法師作法試煉的對象。在迎神賽會中，法師對他村乩童作法『試
　　　 童』，常造成村與村間的芥蒂。」見余光弘，〈台灣區神媒的不同形態〉，
　　　 《中央研究院民族學研究所集刊》，第 88 期（台北：中央研究院，1999）頁
　　　 99，註 10。
〔註39〕崙仔頭為龍德宮後方的一小塊土丘。

就靜下來了。後來村子也沒事了。〔註40〕

本則故事實際述說風鎮碑的由來。〔註41〕另外此碑由來另一說是因挖壞港口後面西邊土地（亂葬崗）附近的風水，故立碑鎮煞。此舉屬於立驅邪物以退災疫的方式。〔註42〕

風鎮碑的由來在村老的看法是源於風水被破壞而導致疫病殺人，進而主神降駕，指示立碑厭勝以禳除災害。然而從立碑地點來看，此地於崙仔頭北方，面對村落向外道路的三岔路口：分別往西、往東，以及通向港口。十幾年前此處道路兩邊都是木麻黃與銀合歡所組成的防風林，一到晚上陰暗森森。往東邊的道路於日治時代有「兵仔路」的別稱，因日本兵會從講美東方的海邊上岸。往西邊的道路則通往一片亂葬崗後才連接至縣道。早期講美村民多居住在村落北方，南方為田地與牧牛場所。這三條道路匯集之處離民居頗近。在鬼怪由外侵略入村內觀念的影響之下，這三條道路自然就成為作法厭勝之處。因此東邊道路盡頭處立有東營與靈應廟、西邊道路有西營與保安宮。至於三條道路會合處有中營正對往港口的方向，旁邊風鎮碑略朝西北面對西邊道路。一來除了鎮住冬日強大的東北季風之外，二來可擊退西邊亂葬崗的不潔。由此觀之，雖然立碑的原因多從風水，但從其地點的選擇上可知除了鎮定風水之外，還與中營聯合鎮煞從東西北三方進入村中的邪祟，有雙重的功效。〔註43〕

指示辦事故事是三公主指示要修建廟宇，因漏水不堪其擾之故。修建的時間為民國九十四年正月開工，為期一年竣工。〔註44〕故事提供者為現任三

〔註40〕故事由洪春蘭女士(70歲)提供，2009/07/15於講美村採訪。(錄音檔2009/07/15訪問洪春蘭女士001)

〔註41〕風鎮碑立於昭和十八年（1943），目前仍位於講美村中營旁。碑文為「昭和癸未年十月十六日建。風鎮。玉皇公主。哪吒太子。石碑祭煞。眾弟子一仝立」。

〔註42〕關於利用厭勝之術來驅邪增福的相關研究，可見嵇童，〈壓抑與安順——厭勝的傳統〉，《歷史月刊》132期（台北：歷史智庫，1991），頁28～35。吳福蓮，〈臺灣民間交感巫術信仰〉，《歷史月刊》132期（台北：歷史智庫，1991），頁42～50。李豐楙，〈煞：一個非常的宇宙現象〉，《歷史月刊》132期（台北：歷史智庫，1991），頁36～41。胡新生，〈古代巫術靈物的厭勝辟邪法術〉，《歷史月刊》248期（台北：歷史智庫，2008），頁44～89。

〔註43〕五營為地方主神所擁有的神軍，功能為鎮守村落、擊退外來邪祟以維護秩序。五營設立的地點在村落四方邊界與公廟裡，劃出村落的邊界與主神的「轄區」範圍。見許宇承，《臺灣民間信仰中的五營兵將》（臺北市：蘭臺出版社，2009），頁6～32。

〔註44〕見〈講美龍德宮整建碑記〉，民國95年。

公主乩身的郭百闓先生，主要述說當時神明降駕指示修廟後，募款的艱難以及他所受到的壓力。

> 有人說我亂講要蓋廟，當時廟裡只剩四百多萬怎麼蓋廟？是神明降駕下來說何時要拆廟、開基、蓋廟等等。有些委員就求說：主公啊，這麼著急要蓋廟。什麼時候要拆什麼時候要怎樣，去哪裡討錢啊？主公就回應說錢沒問題啦，盡管拆啦。這樣啦，所以才拆。廟主委當時為錢煩惱，我跟他說沒問題，到時候就夠了，要看臺灣那邊的幫忙。很多人都在笑我。後來臺灣過來一些人捐五萬十萬的，都說是三公主叫他們來幫忙一下。都是三公主去講，所以最後才湊到足夠的三千多萬。〔註45〕

這則故事表明了神明的權威，能改變現實的困境。故事提到後期捐款主要源於台灣，神明以託夢的方式向信眾募款。神明的靈驗透過降神時的話語與台灣信眾的實際行動得到證明。

3. 驅邪救難

最後是神明驅邪救難的故事，共三則。第一則是西嶼鄉竹灣村的村民犯煞，受到三公主指示與幫忙才恢復：

> 西嶼鄉竹灣村有個船長他家人出海捕魚的時候犯煞，回來就不太正常。船長說他有看到三公主，要他過來講美這邊拜拜。後來全家人都來講美求三公主。三公主說需要三位老大，〔註46〕還有犯煞者本人到捕魚的地方去求，三公主會幫忙。到那邊要擲到七個聖杯才能回來。聽說花了整天去辦這件事。回來後那個人就好了。〔註47〕

第二則為村民夏雲被鬼魅附身，有人請了其他地方的法師都沒辦法趕走鬼魅。等到三公主降駕，以武嚇的方式將鬼魅趕離：

> 夏雲的朋友託他祭祀一尊神明。夏雲把神像拿回家裡奉祀後，就開始發顛，每天時間一到就發作。有人請了鼎灣的法師過來請壇作法，但都沒用。最後去求三公主看有沒有辦法把邪魅抓起來。夏雲到廟裡，主公降駕要他跪下，說若不離開，用重法劍球對付。鬼魅一退，

〔註45〕故事提供者為郭百闓先生（76 歲）。20090729 於講美村採訪。（錄音檔 2009/07/29 訪問郭百闓先生 001）

〔註46〕老大為村中耆老，在儀式中代表村里祭拜公廟主神，又可稱作鄉老。他們除了代表村里，還可能成為廟委會顧問或委員之一。

〔註47〕同註44。

夏雲就好了。但之後鬼魅還是附身在夏雲身上。因此最後主公生氣拍桌子，拿著刺球就打下去，說要不要離開。最後鬼魅離開了，夏雲就沒事了。其他的法師來也沒用，只有三公主有辦法。〔註48〕

　　第三則是講述三公主救人免於海上意外的事蹟。重點在於三公主會將廟貌顯現給對方，對方就能找到正確的廟宇來答謝。

以前不知道去哪裡救船救了馬公的那些人。說船沉一半下去了，三公主站在船頭讓船又浮起來。把對方帶進來對他說如果你想要報答，就是講美龍德宮三公主。我是三公主來救你們的。答謝一個金牌多大一個啊。頭一回三公主帶金牌就是他們謝的。三公主現我們廟給他看。那個人來這裡才確定是我們這間廟。說以前船出去犯風沉一半，三公主站在船頭把他們救起來。

救人很多啦，馬公外垵的都過來拜。有現身給他們看，說若要來報答就來這間廟，我們這間廟目前才會興盛。現在人家添油香都七八萬。〔註49〕

以上三則神明驅邪救難的故事，呈現出三公主展現神力的「跨區域性」。作為一地所供奉的公廟主神，自然而然庇佑所屬地區的民眾信徒。這個區域的劃分以五營為界，透過每年例行的繞境與放營鎮符，確定轄區的範圍與平安。〔註50〕因此村民夏雲的故事就是三公主維護境內平安的例證之一。然而其餘兩則故事則是三公主「跨區域」的救援行動。就信徒的角度出發，認為三公主主管西瀛，也就是整個澎湖地區，故自然能援救其他地方的民眾。

4. 六公主的指示

　　三公主身為主神，自然對信眾所遇到的困難有所回應。然而供奉的其他六位公主們有時也會受理信眾的要求。如今年（民國99年）二月六公主主動透過乩身降駕指示，若有想求財的信徒，可至廟中向六公主祈求財運：

六公主指示：

〔註48〕故事提供者為郭百闊先生（76歲）。2009/07/29於講美村採訪。（錄音檔20090729訪問郭百闊先生001）

〔註49〕同上註。

〔註50〕李豐楙認為此舉主要目的在於「維持村莊集體的安全感……區隔出村社內外，也作為安全、被保護與否的象徵物。……以表明共同體的境域觀。」見李豐楙，〈「中央──四方」空間模型：五營信仰的營衛與境域觀〉，《中正大學中文學術年刊》，2010年第一期（嘉義：中正大學中文系，2010），頁35。

年中由奴家執陽間之善惡，金銀之令。眾生若有經營各行業，可至奴家之金尊前，以鮮花、三柱清香，以宮中之遙，向奴家請求正義之財。切記，若有求賜偏財者者，枉不可求。由正月十五日至六月廿五日可求。一年之間希執事多配合。（照片 7）〔註51〕

　　從上節對六公主請神咒的分析可知，六公主的職能為擔任天庭的行政總理長官，能差遣南斗六星定人壽命禍福。因此其透過乩身傳達此訊息並不為怪。一般而言，信眾各種疑難雜症理應向主神三公主請求解決。原因之一在於三公主身為主神；其二從信眾的角度出發，並不熟悉其他六位公主的職能，而廟方也無將六位公主依其職能分開供奉。所以六公主在固定請壇日主動向信眾說明掌善惡金銀之令，可讓眾信徒前往求財一事，對信眾強調自身擁有的能力，也增加前來龍德宮參拜的信徒。〔註52〕

　　會有這樣的情形發生，其原因來自於透過乩身降駕指示的方式。龍德宮目前共有三位乩童，其本靈分別為三公主、四公主與三太子。三公主的乩身本靈固定不變，因此上述六公主的指示乃是附身於三太子的乩身所傳達的。一般信眾若有事情要求問，主要詢問主神三公主，其次是四公主，而三太子目前並不受理問題。這次六公主主動透過三太子的乩身傳達開放信眾求財的訊息，就筆者所訪問的村老們表示，這是第一次有其他公主神降駕指示的情形，以往都是主神三公主受理所有問題並回應。就目前為止，六公主指示求財為獨立事件。此在未來將引發何種影響，是否會發生其他的六位公主分別透過乩童表達自身職能並受理信徒祈願，造成將諸位公主分別獨立祭拜的情形，還需要更長遠的觀察。

　　「區域」的內外，基本屬於村社共同體的劃分，以建立歸屬感的居安思維。〔註53〕因此神明跨區域的表現，對居住於講美的信徒而言是神威浩蕩的證明，由此加強對神明信仰的認同感。另外一方面，對非居住於講美的民眾來說，三公主的庇佑不因離開講美而減弱。這是民間信仰的特點。神明的轄

〔註51〕見附錄照片7：六公主指示內容（2010/03/10 拍攝），頁 125。
〔註52〕每個月的農曆十四是龍德宮固定的請壇日，三位乩身都會到廟裡準備。
〔註53〕李豐楙，〈「中央——四方」空間模型：五營信仰的營衛與境域觀〉，《中正大學中文學術年刊》，2010 年第一期，（嘉義：中正大學中文系，2010），頁 64～65。在都市，由於早期村社的邊界多半消失，因此將原本散置四方的五營統一歸於廟中祭拜。這非代表神明管轄範圍的縮小，而是因應社會變化的改變。見許宇承，《臺灣民間信仰中的五營兵將》（臺北市：蘭臺出版社，2009），頁 30。

區概念對應於安居一地的村社，著重於團體的安定和歸屬感。一旦信徒進入另尊神明的「轄區」時，他可以到當地公廟祈求主神的庇佑，象徵自己進入當地村社，以尋求安定。其次對於三公主的信仰，則對應到個人身上。信徒除了受到三公主保佑之外，也受到所在地區公廟主神的保佑，形成雙重歸屬感的依靠。此兩者不相互牴觸，甚至一位信徒可同時信仰多位神明，對於自己不熟悉的神明則給予尊重。至於信徒如何選擇自己信仰的「主神」，則依據個人的傳記式情境做出選擇。〔註54〕

信眾與神明的溝通方式，在廟中以主神爲先，其次是專職的專業神（例如月老或文昌君等）。龍德宮雖供奉七位職能各異的公主神，但並未依各公主神的職能設立專門的參拜空間，而是以主神三公主爲尊，其他公主神在旁陪祀的情形接受參拜。主神獨立特出的情形爲常態，這些主神往往是單一神明或是於團體中早有分出次序的神明。在主神單一的情況下，除非自身職能爲明顯的專業專職神，則其職能就漸漸轉爲「萬能」化。這萬能化的轉變傾向除了神明自身神力能及之外，若無信眾的請求則無法使神力彰顯的結果傳達出去。因此神明是否「靈感」與專長的「項目」，事實上需要信眾的祈求與宣傳才有可能形成於信仰當中。這不是說神明只能被動的達成信眾的請求以建立威信，而是威信的建立來自於神明與信眾雙方的互動，再透過信眾之間的事蹟傳遞逐步建立起信仰的內容。從六公主主動向信眾宣示其職能的事件來看，六公主能使前來參拜的香客增加求財的選項，使龍德宮的名聲更爲遠播。這樣的分工方式一旦成立，則可能會改變目前龍德宮的參拜方式。若六公主助信徒求財的靈驗事蹟眾多，必然使專屬六公主的香火增加，甚至爲六公主專門設立神龕以便參拜等等。而主神三公主若無其他的靈驗事蹟持續加強信眾的印象，則其在信眾心中的地位可能會受到影響。

居住於講美並爲三公主的信徒，所提供的故事自然對神威多所宣揚，表達雙重歸屬感的情境影響。那麼對於非生長居住於講美的三公主信徒來說，他們對於三公主形象又如何詮釋？是否受到不同的情境影響？因此以下將以

〔註54〕傳記式情境是個人「處於他所界定的物理的與社會文化的環境中，在此之內他擁有自己的位置……在他習慣持有的現有知識儲存內組織而成……這個傳記決定的情境包含未來實際活動或理論活動的可能性。」換言之，傳記式情境爲個人經驗與認知所組織而成的情境，影響其對過去的詮釋與未來的決定。見舒茲（Alfred Schutz）著，盧嵐蘭譯，《舒茲論文集 I 社會現實的問題》（臺北市：桂冠，1992），頁 30～31。

內湖碧霞宮為例，說明不同地區信徒所認識的三公主。

（二）內湖碧霞宮的看法

節錄〈內湖碧霞宮沿革〉〔註55〕：

> 本宮起源於民國七十年，歲次辛酉（西元 1981 年）當時僅在林森北路一幢民宅內設壇由主持劉皇玉等，朝夕奉拜（玉皇三宮主娘娘）由於神威顯赫，傳遍遐邇，凡到此膜拜之信徒，無不嘖嘖稱奇，不久即聲名遠播，各地信徒蜂擁而至使得原本狹窄之民宅，各顯的不敷容納，於是三宮主娘娘慈心即動，以及信徒據理力爭，摯誠所至，三宮主娘娘及（即）鑾示「碧山靈地藏，霞光千萬丈，宮闈待眾生。」眾善緣便遵囑聖示，往東方向（即內湖）覓尋廟地，經住持及前賢眾志等多人，不辭辛勞，日夜奔走，相濟捐助，遂於民國七十四年歲次乙丑年建廟安座，為台灣首座「玉皇三宮主娘娘」廟，宮名一然命名為「碧霞宮」。按住持及前賢所言，宮主娘娘似乎早有安排此一廟地，不但地名吻合，連路名也不差，真是神通廣大。……
>
> 本宮殿祀奉主神「玉皇三宮主」娘娘，乃源係於三十六天靈霄寶殿——玉皇大天尊駕前統馭三界之白玉三公主（又稱玉皇三宮主），（本靈源於台南市開基玉皇宮，玉皇大帝駕前三公主），代為管理三界統馭兵將，監制諸天聖神，今不忍見大地眾生靈，痴迷誤世，不知修返，乃不惜金枝玉葉体，親率眾下凡塵，為救生靈塗炭。本宮平日除為信徒十方大德，求事解厄，指點迷津，由本宮玉皇三公主娘娘（乃宗（宋）朝時期，代戰公主因當時保舊（駕）有功，且忠義之心，感受天恩，正義昇神，及被玉皇大帝敕討（封）玉皇三公主娘娘，今隨玉皇三宮主娘娘，慈航普渡護國佑民，代為掌理兵權，即諸天統兵大元帥），主辦宮中平日信徒求神解厄，陰陽案由，並時常舉辦社會賑災活動，於每年農曆七月十八日天上王母娘娘聖誕壽期，捐讚孤兒院及其他救濟單位，且每年農曆九月六日，本宮主神玉皇三宮主娘娘壽誕期，更舉行大型消災平安延壽大法會，以祈風調雨順，國泰民安。

台北內湖碧霞宮所供奉的主神是白玉三宮主娘娘，其由台南開基玉皇宮

〔註55〕 摘自內湖碧霞宮印行，《道藏寶錄》，頁 1～2。見附錄書影照片 8：內湖碧霞宮印行《道藏寶錄》（20100321 拍攝），頁 95～96。

玉皇三公主分靈而來。之後因劉主持到澎湖講美龍德宮參拜時，與主神玉皇三公主有所感應，因此將其分靈請至內湖碧霞宮。爲了不讓信眾混淆，主神名爲白玉三宮主娘娘，陪祀神爲澎湖的玉皇三公主以示分別。〔註56〕

　　之所以舉內湖碧霞宮爲例，原因在於此宮將台灣地區兩個供奉玉皇三公主的廟宇在神明的位階上做了整合。台南的開基玉皇宮與澎湖講美的龍德宮彼此之間並無官方的交流，兩座廟宇對於各自供奉的玉皇三公主的由來皆有獨立的說法。從當地信眾的角度來看，他們皆認爲自己所供奉的玉皇三公主是全台唯一，也是最早供奉的廟宇。因爲相關資料的缺乏，所以目前爲止並無法證明台南開基玉皇宮與澎湖講美龍德宮的玉皇三公主的關係爲何。面對這樣的情形，碧霞宮所採取的方式是將兩尊玉皇公主排列位階，以先來後到的順序奉台南開基玉皇宮的白玉三宮主爲主神，後到的講美龍德宮的玉皇三公主爲副神。還透過降乩的方式得知玉皇三公主的來歷，這是講美龍德宮所沒有的。內湖碧霞宮而非將兩尊神明解釋成同爲一尊，而是重新安排並說明兩位神明的來歷與位階之異。

　　既然有主次之分，碧霞宮認爲其形象與來歷也有所差別。白玉三宮主是文身，爲玉皇大帝尊前統御三界的白玉三宮主；玉皇三公主是武身，爲天上的兵馬大元帥。其在人間的化身是代戰公主。〔註57〕玉皇三公主的由來如〈台北碧霞宮沿革〉所述，是玉皇大帝念代戰公主朱邪春花的忠義而敕封爲神，收爲義女並名爲玉皇三公主，讓三公主代爲掌管天界兵馬。白玉三宮主娘娘本身是玉皇大帝的第三千金，所以祂與玉皇三公主互稱姊妹。簡而言之，白玉三宮主娘娘爲玉皇大帝的親生千金，玉皇三公主爲義女。〔註58〕就在宮中的職能而言，碧霞宮有例行的「濟世」活動，由玉皇三公主主理信眾詢問的

〔註56〕2010/03/21 於內湖碧霞宮採訪

〔註57〕來自花蓮勝安宮發行的《勝安》裡對內湖碧霞宮玉皇三公主的介紹爲「乃唐朝時期，西涼沙陀國代戰公主——朱邪春花，其父爲朱邪赤心，因當時保駕有功，且忠義之心，感受天恩，正義昇天，即被玉皇大帝敕封爲玉皇三公主娘娘，慈航普渡護國佑民，代爲掌理兵權，即諸天統兵大元帥。」見《勝安雜誌》（花蓮：勝安雜誌社），第七期，頁9。見附錄照片9：《勝安》雜誌（2010/03/21 拍攝），頁127。朱邪赤心爲沙陀人，於唐懿宗咸通十年受召討伐龐勛，後賜姓名爲李國昌。見（宋）歐陽修撰，（宋）徐無黨注，楊家駱主編，《新五代史》（臺北：鼎文書局，1980），卷四，〈唐本紀〉，頁31。其女朱邪春花的原型，代戰公主則出自《紅鬃烈馬》。京劇《紅鬃烈馬》，講述薛平貴征西，王寶釧苦守寒窯的故事。代戰公主爲劇中西涼王的女兒。

〔註58〕2010/03/21 於內湖碧霞宮採訪。

大小事情，偶爾白玉三宮主也會幫忙解決問題。〔註59〕詢問的方式是透過乩身降駕。目前碧霞宮只有一位乩身，為劉主持。兩位神明共用一位乩身，而請神咒則是兩者共用。

〈內湖碧霞宮宮主咒〉

　　謹請玉皇三宮主，身騎白鶴下凡塵。

　　頭戴珍珠龍鳳冠，身穿羅衣朝玉皇。

　　手持佛塵遊天下，金童玉女兩邊排。

　　天上玉皇三宮主，降落凡間渡眾生。

　　大聖將軍隨吾行，仙爐施藥救萬民。

　　欽差天兵百萬將，掃除邪魔不正神。

　　若有妖精偽怪者，送去酆都受罪苦。

　　人有災難焚香請，行罡步斗在壇前。

　　弟子一心全拜請，白玉宮主降臨來。

　　神兵神將急急如律令。

除此之外，進行法事時若要請玉皇三公主降駕，也可以念此咒：

　　五鋒旗來盡護國，七星寶劍安良民。

　　斬斷眾生煩惱筋，壓煞除鬼消魑魅。

　　驅邪伏魔有天甘，護盡忠良上青雲。

以上兩則咒語主要使用〈宮主咒〉，除了用於法事之外，碧霞宮信徒認為平時念誦〈宮主咒〉能保護自身的平安。〔註60〕

三、小　結

社會的演變與發展快速，但神明所處理的事情卻多少不變。凡舉人生在世所會遇到的任何難關與問題，都能向神明求助。因此某些其職能與人生事務相近的神明們，其受到崇拜的程度就會相當鼎盛。例如主掌醫療的保生大帝、主管姻緣的月下老人、主持功名的文昌帝君等等。就專職的神明而言，

〔註59〕「濟世」所指的是透過降乩或扶鸞等方式，神媒幫信眾解決問題的活動。見余光弘，〈台灣區神媒的不同形態〉，《中央研究院民族學研究所集刊》（台北：中央研究院，1999），第88期，頁94。黃有興，《澎湖的民間信仰》（台北：臺原藝術，1997），頁114～115。所以內湖碧霞宮的信眾稱主理濟世的玉皇三公主為辦事神。

〔註60〕在筆者的查訪中，僅見內湖碧霞宮有此念神咒保平安的說法。

祂們是香火相當鼎盛的一群。然而除此之外，能統攝人生大小事件又不專屬於某種範疇的神明也相當興盛。與專職神相比，祂們相對「萬能」了一些。例如觀音、媽祖等。解決信徒人生中的苦難永遠是這些神明的目標，也是獲得信徒香火奉祀的原因。從咒簿請神咒的記載裡，三公主爲天上的兵馬大元帥，其職能應該以戰爭爲主。然而在實際的人間世界當中，已無戰爭可打。信徒們所面對的「戰爭」是人生裡的所有難關。因此玉皇三公主的位階與統帥形象成爲打擊無形妖鬼的利器，也標誌其神力。把信眾的實際要求與請神咒的形象相互轉化，主要表現三公主威武的一面。除此之外，從顯靈救難的故事裡表現出三公主救難慈悲的形象。兩者相互結合，成爲信徒心中對於三公主形象的模樣。是稱號與請神咒表示了公主的身份與職能，顯靈事蹟表示了公主靈驗的實際行動。前者成爲靜態的基礎，爲後者動態的描述給予神明力量的來源與頭銜；後者則爲前者加強了身份的可信度，並增加前來參拜的香客。所以我們討論神明形象時，若此神目前還爲人所參拜，那麼祂的形象會隨著事蹟慢慢變化，但大體立基於本身傳記所描述的職能。也就是這位神明是「活的」，依然在信眾的心中活躍著。要描繪神明的模樣，就必須把現實生活裡信眾的認知考慮進去，才不會有漏失以及不符合當地民眾認知的情形發生。

　　陪祀神的崛起雖然會爲廟宇帶來更多的信眾香火，但會對原本對主神信仰的參拜心理造成影響。至少就六公主主動傳達可求財的訊息這一事件而言，可以讓信眾更知曉其他公主神的職能與神威。求財有期限限制的強制性，與主神三公主過去所累積起來，在信眾心中的靈驗性二者相合，能增加吸引香客前來參拜的誘因，也增加龍德宮與其供奉神明的威信。從以上這些討論來看，主神三公主的形象依然最深入於信眾心中，原因在於其他的陪祀神統受主神轄領，少有爲信眾辦事的事蹟。六公主的主動降駕讓自身職能彰顯於信眾，傳達出請神咒描述的形象與現實爲信眾服務的內容二者可相符合。最重要的是除了主神三公主之外的其他公主神的形象能透過乩身的傳達給信眾，並且讓旁祀神也能獨立爲信眾服務。

　　至於內湖碧霞宮對兩位玉皇三公主的安排，以台南開基玉皇宮的三公主娘娘爲首，講美龍德宮的玉皇三公主爲次。兩者以供奉的先後作區分。其次，碧霞宮的信眾們依據降乩所得的龍德宮玉皇三公主來歷，爲台南與澎湖兩地的三公主排出次第。同樣一位玉皇三公主，在講美龍德宮與內湖碧霞宮有著不同的來歷故事。兩地的信徒如何面對這樣的差異？乩童作爲神明在人間的代言人，擔任神人之間的中介，在降乩的過程中被認爲是神明附身，信眾可

以直接與神明溝通。在醫療與資訊尚未發達的早期社會，乩童扮演的角色為「醫者」，透過超自然的力量與儀式去治療疾病。〔註61〕由於疾病往往關乎生死，因此能治癒疾病的神明就成為信仰的原因與對象。到了醫療發達的現代，乩童鮮少作為疾病的醫者，則轉變為運勢的「醫者」。信徒面對不可知的未來運勢，依然會尋求神明的幫助。無論是早期社會的疾病與現代社會的運勢，共通點在於對個人或集體的影響，以及面對不可知的疑懼。這份疑懼促成了信仰的動力，也將神明的話語作為指導人生方向的意見。因此信眾對於乩童的尊敬除了社會上人與人之間的平等敬重外，更重要的是神明附身之時對神明自身的尊重與敬畏。

不同於面對神像時單向式的祈禱，與擲筊時的問答。當神明附身於乩童上時，神明被認為是親臨現場，能與信眾面對面直接對談。這種對談的情境加強了信徒親身感受的經驗，以及過往觀看乩童展演神力的經驗。〔註62〕透過宮壇「濟世」裡的私人情境與公開場合的法會與繞境等等，皆加強了神力的經驗感染性。因此神明透過乩童所說出的話語，在信眾的眼中由於過往經驗的層層積累，獲得了「真實」的信任保證。

在講美龍德宮，廟方並未對玉皇三公主的人間來歷多所著墨，原因在於他們透過降乩所得的只有神咒與封號。在內湖碧霞宮則同樣透過降乩得知玉皇三公主的前身為西涼國代戰公主。身為分靈祖廟的講美龍德宮未採納這個說法，也不干涉碧霞宮使用這個說法。兩座廟各自擁護自身乩童所代言出來的話語，而碧霞宮補充了玉皇三公主在人間的來歷故事。從這個現象中可以看到乩童的代言中介身份對於不同地區的信眾所帶來的影響，以及神明在乩童代言情境下話語的影響機制。也可見到民間信仰裡對神明的多種詮釋，造成相互補充的發展及活力。

〔註61〕 林富士提出八種乩童對疾病原因的解釋，如鬼神降禍、厲鬼作怪、犯沖、祖先不安、中符咒、受驚、道德因果與身心失常等。治療的方式有禳除、祭禱、歸依與開藥方、按摩和轉診等。見林富士，〈醫者或病人——童乩在臺灣社會中的角色與形象〉，《中央研究院歷史語言研究所集刊》（台北：中央研究院，2005）第七十六本，第三分，頁526～534。

〔註62〕 乩童在神靈附身時會透過操「五寶」：七星劍、鯊魚劍、刺球、月斧、狼牙棒等法器自傷見血，以顯神威。見林富士〈清代臺灣的巫覡——以《臺灣文獻叢刊》為主要材料的初步探討〉，《新史學》，第十六卷第三期（台北：新史學雜誌社，2005），頁54～60。即使到現代，乩童依然會透過同樣的方式展現神威。

第三章　主神代換事件的意義

一、主神的由來

關於講美龍德宮主神由來，在民國九十五年的整建碑記中的記載如下：

> 玉皇三公主爲龍德宮之主神，據村內耆碩口述，有傳奇故事流傳：
> 話說清季，村民有貨船來往唐山運貨，途中遇颱風，情況危及，村
> 民祈求上蒼保佑，終於安抵唐山。上岸見一廟宇，供奉七位玉皇公
> 主，即驅（趨）前膜拜，並擲筊請示，始知玉皇三公主搭救。繼而
> 邀分身隨同回澎供奉，喜獲同意。玉皇三公主文武雙全，坐鎮殿內，
> 威靈顯赫，有求必應，名噪澎湖。遐邇慕名前來請示者多。村民爲
> 答謝三公主，再赴唐山力邀其他公主，大公主二公主四公主五公主
> 允諾相偕來澎，自此姊妹五公主供奉宮內，村民敬祀不輟。……而
> 哪吒三太子，原爲龍德宮主神，緣何轉任副神？孰爲此者，不得而
> 知。或謂輩分、身分謙讓；或曰玉皇三公主威顯功高，村民厚愛；
> 或云諸神樂推之，不敢臆測也。〔註1〕

從碑記中得知，哪吒三太子原爲宮中主神，至玉皇三公主到來後才退爲副
神。現今廟中有「儼度蓮胎」與「位正東宮」兩塊匾額。〔註2〕根據〈澎湖
縣白沙鄉光復以前匾額輯錄〉〔註3〕所做的考證，「儼度蓮胎」於康熙 59 年

〔註1〕 本文摘自〈龍德宮整建碑記〉（民國 95 年）。

〔註2〕 見附錄照片 10：儼度蓮胎、位正東宮匾額（攝於 2009/02/12），頁 128。

〔註3〕 王滋敏，吳培基，〈澎湖縣白沙鄉光復以前匾額輯錄（上）（下）〉，《硓
　　　 石古石》澎湖縣政府文化局季刊，第 51 期，2008 年 6 月，頁 2～43；第 52

（1720）、「位正東宮」於同治 7 年（1868）懸掛於廟中。此兩塊匾額的內容簡述哪吒在《封神演義》裡析骨還父、析肉還母後，透過蓮花轉生為人的故事；哪吒稱號為三太子，便以古代太子居於東宮的禮制來代稱哪吒的三太子身份。〔註 4〕根據村中耆老所述，自從玉皇三公主到來之後，廟中所有公私事務皆由祂負責處理；三太子只負責幫忙傳達訊息，不再受理事務，以表示主副神地位的轉換。由此可知，至少在康熙 59 年前到同治 7 年之間，龍德宮的主神依然為三太子。在康熙與同治年間，玉皇三公主尚未成為龍德宮的主神。至於玉皇三公主何時進駐龍德宮？由於沒有可供考證的資料，故不得知。然而在三太子之前，龍德宮最早所供奉的神明為土地公。〔註 5〕也就是龍德宮的主神經過兩次替換：土地公──三太子──玉皇三公主。

　　自從五位公主來到龍德宮之後，近年來又有六公主與七公主進駐宮中。於民國 95 年整建完成後，透過乩童降駕表示欲進駐宮中享受香火祀奉。根據參與廟裡事務人員的說法，六公主與七公主當初在大陸不願意跟著講美先民分香過來。這次過來的原因是大陸已無人奉祀，欲將龍德宮作為玉皇公主們的祖廟，因此六公主、七公主才過來投靠姊妹。而龍德宮廟方人員也以全澎唯一供奉玉皇三公主為主神的廟宇自豪。因此在主神轉換之後，廟宇的特色也隨著轉變。原來的主神三太子降為副神，其職能縮減為傳統五營信仰中的中壇元帥。外來的玉皇三公主反客為主，成為廟中主神，掌理一切事務。

　　一廟主神的確立，有來自於移民的原鄉信仰：例如媽祖、開漳聖王等等。也有對當地有功者的紀念，例如鄭成功、廖添丁等。或是神明在當地顯跡，被民眾感念供奉者，如赤崁龍德宮的三太子與馬公西文里祖師廟的清水祖師。〔註 6〕無論是哪一種原因讓此神得以成為村廟主神，最重要的是當地民眾

期，2008 年 9 月，頁 26～58。

〔註 4〕 陸西星《封神演義》（台北：名家出版社，1982），第十四回〈哪吒現蓮花化身〉，頁 79～80。東宮：《詩經》〈衛風・碩人〉：「東宮之妹，邢侯之姨。」毛亨傳：「東宮，齊太子也。」孔穎達正義：「太子居東宮，因以東宮表太子。」〔漢〕毛公傳，鄭玄箋，〔唐〕孔穎達正義，《毛詩正義》，十三經注疏小組編，《十三經注疏分段標點》（台北：新文豐，2001），頁358。

〔註 5〕 2009/04/07 於講美訪問吳聖川先生（51 歲）。吳聖川先生為龍德宮小法，現居講美村。

〔註 6〕 赤崁龍德宮三太子事蹟：傳說有漁夫釣起一塊木頭，就順手丟到雞寮上方。然此木頭時常金光閃閃，一塵不染。後來三太子顯靈表示要以此木作為金身，鎮守赤崁。之後建廟時，三太子化身為孩童到唐山購買木材，使木材漂

認為此神明可以帶來平安，擊退疫病與邪魔，對村民有求必應等等。換言之，神明在此地能夠顯現神蹟，帶領居民度過危難，成為民眾心目中的英雄人物。因此此神凝聚了民眾的信仰，成為信仰的中心。民眾便會舉行慶典，或是修葺廟宇來感謝神明的幫助。如此一來，此神的信仰藉由過往的靈顯事蹟在民眾的心中增添份量。隨著時間的累積與神明不斷完成信眾的祈願，此神的信仰就會逐漸擴展壯大，成為信仰的中心，也是凝聚村民相信此神的原因。因此從另一個角度來看，無人祀奉的神明與毀壞的村廟，正是其神明帶給信眾們的期望越來越少。或是其他神明信仰侵入此地，其靈驗程度超過原有的神明造成神明的消失或被取代。〔註7〕

　　一廟更換主神的情形相當普遍，大部份是從供奉土地公轉變成供奉其他神明，或是因其他神明的顯靈而取代了原有主神的位置。雖然原因各異，但其中不變的是新到主神的位階都高於舊的主神。這種位階高低的取代可能源於民眾對於天庭神明階層關係的想像，認為新來的神明要比舊主神還高階才能顯示其法力高強、威嚴護民的一面。〔註8〕尤其是以外來的神明取代在本地供奉許久的神明。一般而言，信徒從外地請回來的神明若不進入村中公廟祭祀或尚無公廟時，就供奉於家中或是另蓋新廟奉祀。信徒迎請此神就是作為鎮守當地或家庭之主神。或許講美村民當初請迎回玉皇三公主時有置於他處供奉，但最後卻取代了哪吒三太子成為龍德宮的主神。玉皇三公主與哪吒三太子的位階差異、玉皇三公主傳說故事的意涵與社會背景，都是替換主神的原因之一。以下將以此為討論核心，試圖解釋替換主神的原因以及意義。首先我們先從龍德宮第一次的主神替換：土地公——三太子開始談起。

　　　流回赤崁，完成建廟。西文祖師廟清水祖師事蹟：以前西文地區的居民紛紛患病，有艘從大陸清水過來的船隻上供奉一尊清水祖師。清水祖師化身成老人為居民治病。居民到船上去答謝老人，卻只見一尊神像而不見人影。後來知道老人為清水祖師所化身，就在西文建祖師廟來供奉答謝。以上兩則故事見姜佩君，《澎湖民間傳說》（台北：聖環圖書，1998）頁 18～20、28～29。

〔註7〕有學者認為福建沿海的媽祖信仰可能把當地原有的其他神明信仰給「制服」，造成其他神明信仰的衰落或消失。見詹姆斯・沃森（James L. Waston），〈神的標準化：在中國南方沿海地區對崇拜天后的鼓勵（960～1960）〉，收入韋思諦（Stephen C. Averill）編，陳仲丹譯，《中國大眾宗教》（南京：江蘇人民出版社，2006），頁 72。

〔註8〕蔡婉婷「臺南市寺廟建廟傳說之研究」，（台南：台南大學臺灣文化研究所碩士論文，2005），頁 62～63。

二、從土地公到三太子

（一）對土地的信仰與神明的分工

對土地的信仰，乃為全世界人類所共有的一種信仰對象。雖然儀式或神話有所不同，但對土地產生信仰的原因，多半不離生產養育的大地之母的概念。從西方學者對於神話或人類學的考察研究中可以看到對大地女神的崇拜行為與意義詮釋。〔註9〕同樣的，在中國自古以來就有社與后土的信仰。前者成為國家重要的象徵與一年農事興始的儀式之地，後者則為上古時期就有的土地信仰。社與后土之間的關係向來密切，但也混雜不清。歷代學者對此題多有討論。〔註10〕

人生於大地之上，其生老病死皆在土地之上度過。在活著的時間中，生存成為生活中最重要的事項。延續生命的方式來自於進食，食物的來源自於採集，狩獵，或是耕種。因此承載萬物的大地遂成為一切生命的來源，並以母親的形象存於各民族的神話與傳說當中。〔註11〕無論是狩獵採集或是耕種，人必須在某地至少停留一段時間。在這段時間當中，人必須與所在的土地擁有某種關係上的和諧，才能不受影響的完成得到食物的任務。因此人與土地之間，必然發展出一套相互溝通的儀式與神話，解釋人與土地之間的關係，以及人如何與大地之母共處的方式，以求得生存。從此衍生出發，人與土地之間除了食物供給的關係之外，還有居住層面的影響。正是天地相應，宇宙萬物相互影響。人若要能安穩的生存，則必須處於風調雨順般和諧的宇宙。

〔註9〕 伊利亞德（Mircea Eliade）著，楊素娥譯，《聖與俗》（台北：桂冠，2006），頁182～191；晏可佳、姚蓓琴譯，《神聖的存在》（桂林：廣西師範大學出版社，2008），頁230～250。

〔註10〕 楊儒賓認為土在沒有國家概念的遊牧民族裡屬於普遍廣泛的概念，所代表的是整體未分化的創造大神。社則屬於定居型態的農業民族，在其中加入國家的概念，使社基於土廣泛的性質上，增加了政治權力的色彩。見氏著〈厚生與土德——土的原型象徵〉，《中國文哲研究集刊》第20期（台北：中央研究院，2002），頁424～430。葉舒憲則從母神崇拜的角度出發，認為社源於地母崇拜，並神聖化為陰氣的主宰。後因父權制社會的建立使社帶有國家權力的象徵，依附於男性象徵的「天」之下。而後世的土地公為社神的地母屬性受到父權文化影響，變性以保有原來地母創生功能所致。見氏著，《高唐神女與維納斯》（西安：陝西人民出版社，2004），頁130～136。魏建震，《先秦社祀研究》（北京：人民出版社，2008），頁1～21、48～157。丁山，《中國古代宗教與神話考》（上海：上海文藝出版社，1988），頁30～47。

〔註11〕 〔德〕諾伊曼著，李以洪譯，《大母神：原型分析》（北京：東方出版社，1998），頁268～270；《神聖的存在》，頁230～250。

對於所處之地的安穩與否，來自於穩定的「界內」秩序，抵禦「外界」惡靈
侵擾的空間劃分。此空間的劃分將天地人三者穩定於界內的居住之處，在界
外者則是混沌尚未形成秩序的世界。所以大地之神除了食物之外，也能給予
人類安定。但前提是此處必須經過儀式的轉化，將陌生之地的混沌破除，創
生為安居之處。〔註 12〕這個重複創世的儀式意義，正是居住者得以居住此地
並得到食物的原因。此處我們將不討論天神在創生宇宙之後的後續行為與影
響，而是先關注土地之神所給予的一切。

　　土地除了給予食物之外，還給予了居住的安穩。所以對土地神的崇拜成
為世界各地皆有的信仰，在中國亦有后土信仰的出現。而社與后土之間的意
義連結，則是上述的大地生產與守護居住兩種需求的結合。而且由於社會制
度的變遷，在春秋時代的國家體制當中對后土與社崇拜，從過去的神話層面
轉變至國家安定的要求。這不表示神話意義的完全喪失，而是透過神話思維
進入國家體系的轉變，以及周初人文思想的開展，遂使神明以抽象的姿態存
於國家體制當中，形成天人相互影響的情形。所以象徵一國之立的社神崇
拜，在意義上吸收了后土的地母生育功能，加入了維持國家秩序與國運興衰
的影響，可說是前述確立宇宙和諧才得以生存的宇宙觀，具體而微並隨社會
體制改變所產生的政治權力化。〔註 13〕也就是社神的存在實際上即代表此國
家──宇宙內部的確立與和諧，把過去神話的意義帶入了政治的層面當中。
話雖如此，神明的效力除了影響政治之外，依然關係到大地養育化生的層
面。所以此處的社神就擁有了土地與政治兩處的影響力，這影響力源於對土
地的佔有及地上人類政治統治權的擁有，皆象徵性的歸於社神當中。這是神
話思維的影響與變形。

　　另外必須關注的一點，在於「界內」「界外」之分。界內為安穩秩序之地，

〔註 12〕　「所有這些荒涼、未經開墾的地域等等，全屬於混沌。它們仍處於創世之前
　　　　未經分化、無形無象的模態。所以，人們在佔有土地之初，亦即開發土地之
　　　　際，他必須先舉行儀式，象徵性地重新進行創造天地的事蹟：草昧未闢的境
　　　　域由此先被「宇宙化」，然後人類才得以居住。……即人們欲在任何地方居
　　　　住，或想作生活場所時，他首先得將其從混沌轉變為宇宙；亦即透過儀式的
　　　　作用，賦以「形式」，使其成為真實。」伊利亞德（Mircea Eliade）著，楊儒
　　　　賓譯，《宇宙與歷史──永恆回歸的神話》（台北：聯經出版，2006），頁 7
　　　　～8。
〔註 13〕　《先秦社祀研究》，頁 253～267；林素娟〈土地崇拜與豐產儀典的性質與演
　　　　變──以先秦及禮書為論述核心〉，《清華學報》新第 39 卷第 4 期（新竹：
　　　　清華大學，2009），頁 625。

界外為充滿危險不安之所。為了保護界內不受界外的侵擾，神明必須有力量去驅逐惡鬼妖靈。這個任務多半由天神負責，因為祂殺死黑暗的混沌怪獸，擁有開創宇宙的力量。身為創世神，是祂首先建立起有秩序的宇宙，擁有無比的神性與超越性。〔註14〕然而天神遠去，分工神興起。〔註15〕隨著社會的變遷與神話的述說、思想觀念的轉變，使得神明的數量與負責的事務趨向複雜。原來創世天神掌管宇宙秩序的力量，在其消逝遠去之後分別由生活中各層面的神明所擁有，形成分工專職的體系。對於人世間萬物秩序的維持，就交由各路眾神負責。所以在民間信仰當中，天庭的觀念表示出天上政府的圖像。天界也同人間一般，有政府組織與負責各項事務的神明。因此一神統御萬物的情形已不多見，取而代之的是萬神各司其職、互有等級高低的系統。

神明形象的塑造與信眾對神明的祈願要求有很密切的關係。那麼信眾多祈求什麼呢？從各路神明的職能與故事來看，生產（農業或生育）、平安、生涯職業發展（行業神、考運、財運）等等，都是從古至今信眾們持續祈求的願望內容。即使神明原本的出身傳說與信眾後來賦予的形象不符，但後者才是聯繫信眾與神明之間的重要因素。透過這種互動過程，我們可以從中看到社會變遷的蛛絲馬跡。從遠古時期的春祈秋報開始，對自然環境的需求利用對社神與天神的祭儀傳達出去，而河海雨湖等與人民生活有密切相關的水神，同樣也備受崇敬。隨著社會經濟的發展，新的神明出現。祂們庇佑的內容依然圍繞著生活周遭，例如月老、灶神等等。可以看到神明出身的地點已經有脫離自然環境，而轉向社會中的制度或景物。而後，將神明擬人化以及祭祀有功於人間的亡者，並稱之為神的舉動，更表現社會文化對於神明形象的影響。此時從遠古就存在的自然神與傳說神，被社會變遷環境下的人民篩選，認為能庇佑並持續發揮影響力者留存下來，以擬人化和寫入傳說的方式持續存在於人間。行業神的出現，更顯示出經濟對於社會之重要與發展程度，使以此行業維生的民眾需要有神明來保障營利的運勢與可能。

由於混雜儒釋道三教各神與原有的在地信仰，使得民間信仰裡眾神來源紛雜。並因各地區風土特色與傳說影響，使得民間眾神的職能與性格多樣，彼此之間互有異同，在分類上往往有重疊與偏重某方面的情形發生。〔註16〕

〔註14〕《聖與俗》，頁161～168。《神聖的存在》，頁35～37。
〔註15〕《神聖的存在》，頁96～97。
〔註16〕鄭志明，《台灣傳統信仰的鬼神崇拜》（台北：大元書局，2005），頁23～24。

除了道教經典所提的神明等第之外，一般民眾對於天庭與各路神明的印象有來自於章回小說的影響、口耳相傳的民間故事。〔註 17〕土地公的出現，代表民間信仰中土神身份認知的轉變。在民間的土地公信仰當中，土地公主管土地的生產之外，還具有守護村落家宅、財神、開路神等等職能形象。〔註 18〕由此看來，土地公職能範圍的多樣化源於對土地的使用方式，強調與土地的連結。然而就功能的專業度而言，卻比不上財神爺或神農大帝等等專業的分工神。這種職能的混淆不清多少減弱了土地公神力的強度，比不上專一明確的分工神。但是民眾崇拜的根據以靈驗與否為主，即使土地公為基層的小神，但若其十分靈驗且信徒眾多，有可能成為一地的大廟。例如屏東車城的福安宮、桃園龜山的大湖福德宮等，均是以土地公為主神的大廟。以天地人三界區分的觀念來看，其身為最基層且最重要的神明，具有掌管土地的職能，成為社會各層面的基礎。再由社會各層面的分工需求，形成各種專業的分工神。所以這些神明的職能與形象皆貼近一般民眾的生活需求與認知。雖然如此，土地公所代表的擁有土地最基本的掌控權依然不變。〔註 19〕經由前述對於社神以及神話中土地與建立秩序的關係說明，可以了解即使土地公是神明位階中較為低層且不具有強大神力，但其重要性不可抹滅，並廣泛受到民眾信仰的原因。

（二）土地公與五營信仰──確立邊界與秩序的維護

　　土地公信仰的盛行，王健旺認為有五個因素：（1）土地信仰觀念。（2）環境氣候惡劣，需要土地公保佑才能有好的收成。（3）因為早期大陸移民的族群械鬥與荷蘭、日本等殖民者的入侵，以及盜匪與原住民的侵擾，使移居台灣的漢人期望土地公以地方守護神姿態維護地方平安。（4）瘴癘瘟疫肆虐，求助土地公驅除病邪。（5）親切普及，有求必應。〔註 20〕這些因素表明了新

〔註17〕如《封神演義》中的哪吒，實從佛教護法神演變而來。見二階堂善弘，〈哪吒太子考〉收入《1996 年佛學研究論文集──當代臺灣的社會與宗教》（台北：佛光出版社，1996），頁 289～292。

〔註18〕王健旺，《台灣的土地公》（台北：遠足文化，2003），頁 32～39。

〔註19〕台灣有地基主的信仰，家戶除供奉地基主之外，還會供奉土地公，這是將有主之地納入天庭管轄的表示。隨著地區公廟的建立，此地的土地公屬於公廟主神的下屬，形成從廣至微，由公眾到家戶的神明照護體系。無形世界的秩序由此穩定，而家戶與地基主之間的借住關係，透過土地公較地基主高的神格得以獲得安穩的基礎。

〔註20〕王健旺，《台灣的土地公》（台北：遠足文化，2003），頁 24～25。

移民進入需要開墾的新土地時所祈求的願望，基本上就是追求安定的秩序，也隱涵對環境的不安。然而土地公的神能、位階不高，所以面對外來威脅時需要其他神明的幫忙才能擊退敵人。就一村落的範圍而言，土地公負責掌管此村落的土地，代表此處居民得以使用土地並安居其上的意義。確定土地所有權之後，對於外界的侵擾，則由其他的神明負責。把這個過程放到社會層面，就是建立國家並穩固自身的歷程隱喻。這是一個劃分領域的表示，如同王斯福所說：「民間宗教中的地域性指的就是劃分邊界，這種劃分把內與外、保護與入侵區別開來，並通過地方性的保護神和孤魂加以確定。」〔註21〕土地公的意義就在於對土地的劃分並給予保護。

如上所述，這個劃分是把土地納入一秩序系統當中，使其成爲受庇佑「能用」的地區。但這種「使用上的認可」並沒有固定的範圍邊界。作爲最初的保護者，土地公所保護的區域可大可小。最大可至整個村落，最小可至一戶家宅，端看土地公屬於哪種祭祀層級與位置之中。另外，神明座落的位置成爲中心，神力範圍向外擴張。若要確定神力所及之處，則需要界定效果範圍的邊界或是透過侵擾事件去認定邊界位置。秩序的建立來自於破除鬼魂與妖魔的侵擾。鬼魅的目的於擾亂安定的秩序，造成混亂與疫病的出現。在村里守護神與鬼怪的對抗中，神力保護範圍的邊界得以明顯。因此鬼魅的入侵是從外界來確認地域性範圍的方式。「簡言之，鬼意味著道路上的危險，意味著在熟悉的人的領地之外，由土匪、陌生人以及意外的事件所帶來的危險，因此招來了使一個人的自我轉變成鬼的危險。鬼也劃定了家的地方性邊界。……在文化與社會最外層的邊界上，『鬼』就相當於外國人和土著。」〔註22〕面對這樣的外來攻擊，單純依靠土地公是不夠的。要將界內與界外做明確的區分，必須要有足夠的力量去擊退外界的威脅，以維持二元對立的平衡。神明與鬼怪之間透過力量大小相互抗衡，形成戰爭的隱喻。因此一地主神統領當地，除了文治之外還需備有武力來守護家園。故有五營的小祀分別鎮守村落四方，作爲把守邊境出入口的無形力量。

五營主要是以軍事的形制來武裝村莊四方，劃定村莊範圍的無形界線。在村落的東西南北四方，各設一營，分別由張、蕭、劉、連四位元帥駐守；

〔註21〕王斯福（Stephan Feuchtwang）著，趙旭東譯，《帝國的隱喻》（南京：江蘇人民出版社，2008），頁91。

〔註22〕王斯福（Stephan Feuchtwang）著，趙旭東譯，《帝國的隱喻》（南京：江蘇人民出版社，2008），頁116～117。

中營多在村中公廟之內，以哪吒三太子爲中營元帥，〔註 23〕形成從中統御四方的空間呈現。〔註 24〕在講美，四營的建制屬於相對公廟位置，分別放置於村莊四方向外聯絡的路旁，朝向路心。其中北營與東營旁皆有一座小廟。〔註 25〕中營的位置則在公廟後方，面對碼頭與往東營與北營的交叉路口，旁有風鎮碑爲鎮煞鎮風之用。〔註 26〕外五營有多種形式，這些形式所座落地點正爲村莊的邊界。〔註 27〕村莊邊界的有形界線就由這些外五營來表示。外營標誌的意義除了劃分村莊五方之外，也藉由無形神兵的保護，阻絕煞的出現以及分隔家宅與墓地的範圍。〔註 28〕這種劃分村莊區域的方式，透過神兵保護去除外界的兇煞，並以外營地點的設立來明確界定村莊的範圍。是透過有形與無形二者的結合，達成守護與界定村里中央與四方邊界所圈圍起來的安全界域，使生活其中的村民藉由五營神兵的保護獲得安全與穩定的象徵。〔註 29〕

（三）神明認同感與位階的建立

從土地公到五營的區域建立過程並非是平面的圖像，而是立體的投影。

〔註 23〕 五營元帥在各地有不同的領軍者，除了張、蕭、劉、連之外，還有康、張、趙、馬等。但大多數的中營元帥爲哪吒三太子。關於不同的五營神軍系統，可參見曾光棣，《澎湖的五營──以空間角度來看》（澎湖：澎湖縣文化局，1999），頁 12 表 1.1。另外對於元帥神的討論，參見二階堂善弘，〈通俗小說裡元帥神之形象〉《『聖傳與詩禪』中國文學與宗教論集》（臺灣中央研究院，2007），頁 513～547、〈哪吒太子考〉《1996 年佛學研究論文集》（台北：佛光出版社，1996）頁 289～292。

〔註 24〕 必須要注意的是，五營有內外營兩種。曾光棣認爲：『「內營」爲駐紮在廟宇、祠堂或民宅的內、外，其通常僅以書五營將領的竹符與紙符作爲象徵物；「外營」駐紮在村莊的四周，具有明顯的外在形式，如墳塋狀小祠。』見曾光棣，《澎湖的五營──以空間角度來看》，頁 18。

〔註 25〕 講美村共有三座廟宇，一間私人壇。其中龍德宮爲公廟。東營旁爲靈應廟，主祀臨水夫人。北營旁爲保安宮，主祀保生大帝。當地人稱呼這兩座廟爲東邊廟與西邊廟。見附錄空照圖，頁 130。

〔註 26〕 此處中營面對路口，旁有風鎮碑的情形，筆者根據採訪到的資料，認爲二者的位置因鎮煞所需而擺放。主要保護村民不受東北季風以及從碼頭進入村莊的鬼魂影響。

〔註 27〕 曾光棣，《澎湖的五營──以空間角度來看》，頁 28～29。

〔註 28〕 同上註，頁 64～66。另外講美北營連元帥的地點，原本是爲壓制附近亂葬崗的鬼魂所設。

〔註 29〕 李豐楙，〈「中央──四方」空間模型：五營信仰的營衛與境域觀〉，《中正大學中文學術年刊》，第 15 期（嘉義：中正大學中文系，2010），頁 34～36。

從個人家戶的小區域開始，土地公與地基主以及祖先成為家戶的守護者。而後家戶的聚集導致村落形成，土地公成為村落範圍的土地守護者，進入公廟接受祭祀。為了維持村落內部的秩序與抵禦外來威脅，五營的位置在有形層面上建立起村莊的地界；並融合無形層面的軍事建制，給予鎮煞驅邪的功用。其中四營元帥聽命於中營元帥，而中營元帥則受廟中主神管轄。

一般廟中神像的排列以主神為中心，兩旁為副祀神，前為中營元帥。這種排列方式表現了位階層級與職能分工的立體建制。中營元帥為駐地軍隊統帥，引領四方四營。土地公或註生娘娘等其他陪祀神則負責相對應的事務，最後皆屬於主神的管轄之下。而廟中最高的天公爐則表示位階最高的玉皇大帝，為主神的最高上司。在廟中的神明空間分配具體而微的呈現了天庭與廟中的神明位階與分工，形成天上人間相互對應的行政體系。〔註30〕

雖然這樣的建制相似於人間的官僚體制，但其中卻有著區域上的差別。雖然廟中所有神靈皆受玉皇大帝的管理，但不像人間的官制可以隨意調動分派。村落公廟中的主神即為此區域力量最強的神明。主祀與副祀之間的分別不在於官僚體制中神格的高低，而是在此區所展現力量的強弱與靈驗程度以及職能的分別。所以五營分界的重要性在於畫出一地主神威力所及的範圍。此處的範圍所指的是村落的集體生活區域，使此地的秩序與安寧能夠以主神為權威力量的中心開展。因此廟中主神的位格並不會如同人間官員一般有任期與調換。

神明位階的高低與職能差異，需要放到以一廟為主的空間中去分別。廟中主祀神與副祀神之間的區分來自於神明所展現的靈驗程度，以及建廟緣由的歷史因素。其稱號所表示的位階反而不是區分的首要標準。因此同一尊神明在不同的廟中可能身為主神或副祀神。以三太子為例，一般多身為中壇元帥的副祀神，但也有宮廟以其作為主神奉祀。如澎湖赤崁龍德宮、台南新營太子宮等。但無論誰為主神副神，都在玉皇大帝的管轄之下。就單一區域的公廟而言，其所展示的是在地神明位階的高低與職能分配，每地各有不同。不同區域的宮廟交流所採取的是主客的形式，而非位階高低的從屬形式。在信徒認知裡，天庭位階的高低最普遍的規則是所有神明皆屬玉皇大帝的管轄，而每位神明之間究竟誰大誰小則是模糊的鬆散結構。只有少數幾位神明，

〔註30〕武雅士（Arthur P. Wolf）著，張珣譯：〈神・鬼・祖先〉，《思與言》，第
35 卷第 3 期（台北：思與言雜誌社，1997），頁 233～291。

例如土地公與玉皇大帝有較明確的高低分別。因此主祀與副祀所呈現的位階高低標準來自於靈驗程度與信眾的實際需求。神明與玉皇大帝的關係依循人間官僚體制的形式，但人神之間的實際交流方式則是突破官僚體制的限制，以私密的方式進行。

　　Robert Hymes（韓明士）認爲信徒與神明之間的交流方式有：（1）信徒直接跟神明溝通。（2）神明直接向信徒顯靈。（3）信徒直接跟神明許願還願。〔註31〕這三種方式皆屬於信眾個人直接與神明交流，不需經過官僚體系的層層上報才能得到回應。另外就個人而言，在家宅的範圍裡受祖先的保護，在村落的範圍裡受到主神的庇佑。二者的範圍重疊，前者被納入後者當中。個人可以在家戶與村落之間祭拜各屬於兩種範圍的祖先與神明而不會產生衝突。同樣的，家宅中所供奉的祖先也受到神明的保護。無論是村落的主神或是家中供奉的神明，都給予祖先免受鬼魅侵擾的保護，讓家得以安居。〔註32〕個人與家族對於地方的認同感經由公廟主神的庇佑得以連結。〔註33〕這種透過信仰一主神所形成的地方認同感，所對應的是神威顯赫程度，而不是神明在天庭官僚體制中的位階高低。也因爲如此，除了當地民眾對神明的崇拜之外，外地的民眾會因神威靈驗而加入崇拜的行列當中。這就改變了有地域限制的崇拜範圍，轉而向外擴散至他處，進而造成祭祀範圍的擴大。即使如此，最初在當地形成的主神——地方認同並不會因此消失，反而得到加強。

　　跨越地域的信仰範圍將原本的地區主神認同納入在內。以五營爲地域範圍的劃分，首先規範出村落邊界與公廟主神管轄範圍，屬於村落群體的保護。當村落中的個人到異地時，他所信仰的神明就成爲他個人的保護神，不侷限於村落的範圍之內。神明同時爲個人與村落群體的保護神，而村落群體又由個人組成，且個人與神明之間有著私密性的交流方式。因此個人得以在村落群體與村落範圍外的地方得到神明的保護。這其中有兩種不同方向的信

〔註31〕Robert Hymes, *"Personal relations and bureaucratic hierarchy in Chinese religion: evidence from the Song dynasty,"* Unrulygods:divinity andsociety in China（edited by Meir Shahar and Robert P. Weller.Honolulu: University of HawaiiPress, 1996），pp.37-69 轉引自張珣，〈變異、變遷與認同：近年臺灣民間宗教英文研究趨勢〉，《臺灣本土宗教研究：結構與變異》（台北：南天，2006），頁 67～69。

〔註32〕葉春榮，〈厝、祖先與神明：兼論漢人的宇宙觀〉，《臺灣本土宗教研究：結構與變異》，頁 53。

〔註33〕張珣，〈打破圈圈：「祭祀圈」研究的反省〉，《媽祖‧信仰的追尋（續編）》（台北：博揚文化，2009），頁 328。

仰神明的方式。首先爲上述的從劃定村落範圍開始，確定對土地的使用並對定居生活安定的要求所發生的一連串過程，逐步擁有保護地方的五營兵將與統御此處一切事務的主神。原居於村落中的家戶個人透過祈願的驗證信仰此神，並以個人的身份在村落與外地同時獲得此神的庇佑。其次透過個人跨越地域限制對於此神信仰的宣傳，使得非原居於此村落的民眾可以進入村落當中信仰此神，進而以分香分靈的方式擴大信仰的範圍。由此觀之，對神明的祭祀並不限定於原鄉人或固定的地域範圍之內，反而是取決於信徒自身的選擇。〔註34〕以上兩種方式爲較簡略的區分，實際上神明信仰如何在一地穩固並跨越地域擴散，則受到文化、經濟、政治等各種層面的影響。如張珣所言：

> 由近期的一些研究導引出社區宗教的未來言就應該是：以祭祀範圍
> 爲主軸，結合親屬、政治、經濟等層面之材料……其可能發展方向
> 有二：一是採取結構功能論，考察市場、宗族、與村落祭祀三者的
> 共構關係……另一個可能方向是採取文化象徵理論，視村落祭祀爲
> 民間權威來源，探討其與國家官方權威之間之互動的研究。〔註35〕

講美村廟中從最初祀奉的土地公轉變爲三太子，所透露出的意義在於先民進入此地時，需要土地公保佑作物豐產與實現生活安穩的希望。當初迎請三太子取代土地公的原因已不可考。而三太子的奉祀，則以一較高位格的等第表示身爲主神的震攝之力，且身份正兼具五營統領與主神威赫的兩項要求。五營的帶入劃定村莊邊界，顯示居民定居之心，以及驅除邪祟的要求。另外一方面，更高位格的職能專一神的進入成爲主神，就必須擴張廟宇的規模，以利祭祀與舉行慶典。這對於生活艱困的先民而言是不容易的，然而卻必須爲之。就是因爲生活不易，故更需要神明的庇佑。這種傾全村甚至旅外之力來修建公廟，使之富麗堂皇的情形在臺澎金馬成爲常態。迎請新的主神或擴張廟的規模，往往需要組成管理委員會之類的團體來負責決策。〔註36〕而做醮這類的重大儀式，則必須由神明選出爐主負責一切事務，並由頭家協

〔註34〕在民間信仰當中，個人該信奉哪尊神明並不受到所居地區信仰的限制。他可
　　　　以到各地各廟去參拜神明，並選擇一位或多位神明來作爲信仰的主神。即使
　　　　所居地的廟宇神明非他所信仰，但他依然可以到廟參拜並祈求事願。信徒對
　　　　於眾神採取尊重的態度，也對於信仰不同主神的其他信徒們同樣尊重。
〔註35〕張珣，〈打破圈圈：「祭祀圈」研究的反省〉，《媽祖‧信仰的追尋（續編）》，
　　　　頁346。
〔註36〕如前幾年講美龍德宮整建。

助辦理。〔註37〕從以上兩例可以看出村中公廟的重要事項必須由村民組成的團體去決策舉辦。此團體的成員組成，則多半是村中德高望重者或是有社經地位者，這些人在村中具有一定的影響力。然而這些活動都必須花費金錢，因此最實際的狀況是捐助款項多者，往往發言的份量大於捐助少者，因此產生人事主導神事的現象。

至於三太子的迎請，是因原鄉信仰或是神蹟指示，還是特地到外地分靈，已不可考。這種從基礎的土地神開始，然後祀奉更高階的神明為主神，並用五營劃分村莊邊界，守護安寧的祭祀建構方式，是利用神力與職能的分工來穩定信仰中心。同時五營的軍事定界成份凝聚村民對地方的自我認同和與他村的界限分別，同時也加強了主神統御，神威顯赫的形象。以上這些都是村莊發展的訊息，透過村民的共同信仰內容的建構，在有形的現實世界中建立起無形的連結與一體感。從村莊為一個體的角度來看，與別村之間形成互異的個體，其分別異同的標準來自於居住地點的差異以及信奉主神的不同。然後根據各神明的顯靈事蹟加強對在地的連結，以信仰為聯繫村民認同感的紐帶，形成認同感從內部而來的一信仰共同體。

三、從三太子到三公主

上節討論了講美龍德宮主神從土地公到三太子的演變過程，本節的重點在於主神的代換——從三太子到三公主的演變。一般而言，除了主神為三太子的宮廟之外，三太子多半以中壇元帥的身份於廟中接受祭祀。這在龍德宮也是如此，三太子神像的位置在七位公主、主神三公主之前。每年元宵節後的的繞境儀式，多由三太子帶領巡視村中五營，並至信徒家門前消災解厄。從神像位置與繞境儀式中的定位中可以看到三太子以中壇元帥的身份在龍德宮內接受祭祀。然而從廟裡沿革碑文的記載中，卻記載了三太子在龍德宮中的身份轉變：

> 而哪吒三太子，原為龍德宮主神，緣何轉任副神？孰為此者，不得
> 而知。或謂輩分、身分謙讓；或曰玉皇三公主感顯功高，村民厚愛；
> 或云諸神樂推之，不敢臆測也。〔註38〕

此碑記記載了兩件事情：一為玉皇三公主至澎湖的緣由，二為哪吒三太子從

〔註37〕 王斯福，《帝國的隱喻》，頁202～206。
〔註38〕 〈講美龍德宮整建碑記〉民國95年整建落成時所刻，目前嵌於廟中。

主神退至副神。三公主以分靈的方式從大陸請到澎湖講美，以一個外來神的身份取代廟中原有主神三太子的地位。這種外來神進入原有公廟接受祭祀的情形在澎湖是否為常態？進而取代原有主神的情形是否多見？以下就從澎湖居民如何處理神明到來的方式開始討論。

（一）澎湖的主神代換情形

澎湖當地俗語有云：「澎湖有三多：寺廟多、墳墓多、蒼蠅多。」〔註39〕，寺廟眾多的原因在於漳泉移民必須渡過險惡的紅水溝與黑水溝才能平安上岸。而澎湖由於氣候與土地的影響，陸產不豐，多靠海維生。如《澎湖紀略》（1771）所載：「……蓋土地既已磽瘠，而風多雨少，又無霑足之潤，雖有上農，亦何所施其力也哉！」、「第澎人以海潮為田，以魚蛤為命，海之所生及穀之所出，取之無禁、用之不竭，均有賴於水產。」〔註40〕在如此艱困的生活環境裡，要生存下去除了自身努力外，也祈求上天與無形的神靈庇佑。因此「澎湖之人信鬼而尚巫，凡有疾病，不問醫藥，只求神問卜而已。」，〔註41〕所以「一十三澳，澳各有廟，士庶奉為香火者率皆土神，因地而祭。」。〔註42〕

生活環境的艱困造成居民普遍於村落中蓋廟祭祀神明，使得一村中往往有兩間以上的廟宇，台澎金馬地區皆屬常態。然而這些廟宇所供奉的神明如何來到澎湖？姜佩君從對澎湖民間故事的研究中歸納出以下幾點原因：（1）神明從家鄉帶過來，是家鄉的守護神。（2）因人口擴展遷移或其他因素而分割香火另建新廟祭祀。（3）神明顯靈，希望村民建廟供奉。（4）民間的自然崇拜，如大樹公、石頭公。（5）「大眾爺公」式的陰靈崇拜。（6）撿到神明金身，因而加以建廟供奉。（7）為酬謝神恩或感謝某人而為之建廟。（8）其他。〔註43〕龍德宮的情形屬於上述第二項。在增田福太郎對台灣宗教情形的考察中，對於廟宇如何選擇主神之外的配祀神明，提出「寄神配祀」的寄祀原因觀察。首先增田福太郎認為當寺廟主神確定之後，不太重視主神之外的配祀

〔註39〕姜佩君，《澎湖民間故事研究》（台北：里仁，2007），頁30。

〔註40〕胡建偉纂輯，《澎湖紀略》，《臺灣史料集成：清代臺灣方志彙刊》第十二冊（台北：行政院文建會，遠流出版社，2004），頁195、214。

〔註41〕同上註，頁185。

〔註42〕胡建偉纂輯，《澎湖紀略》，《臺灣史料集成：清代臺灣方志彙刊》第十二冊（台北：行政院文建會，遠流出版社，2004），頁74～75。

〔註43〕姜佩君，《澎湖民間故事研究》，頁289～293。

之神。其次為了塡補空餘的神龕才選擇配祀的問題。因此在選擇配祀神的標準上有相當自由的空間。〔註44〕增田提出九種寄祀的原因如下：（1）寺廟建立的情形。（2）寺廟關係者的出身籍貫。（3）寺廟有關地方的生業。（4）參拜的方便。（5）宗教團體所供奉的神之寄祀。（6）廟祝或住持所供奉的神。（7）寄祀其他寺廟所供奉的神明。（8）解散的宗教團體所供奉的神。（9）漂流的神像之祭祀。增田認為寺廟主神與寄祀神在信仰與禮儀上並無一定的關係，皆因外在原因而同被奉於一室，不同於他所提出的配偶、挾侍或從祀的關係。〔註45〕故增田認為若要研究主神與寄祀神之間的關係與由來，則必須知曉信仰的實際狀況與民情，才能找出神明之間關係演變之因。

　　祀奉於遠地的神佛，每年往返進香，勞神傷財，不堪負荷，故有分其香火於鄰近處以寄祀之，例如各地寺廟寄祀天上聖母者。〔註46〕講美先民為了參拜的方便將三公主從大陸分靈過來，但又為何進駐龍德宮後卻取代三太子成為主神呢？

　　新神明取代原有廟宇主神的例子在澎湖依然可見，如馬公市風櫃里威武金王殿、西嶼鄉竹灣村的上帝廟等。以下皆節錄其建廟沿革碑文以資證明：

風櫃里威武金王殿：

　　……本里三面環海，依東陸地。在神靈顯赫指示下，蓋一小廟宇在入口處，名曰德安宮，萬善爺駐鎮。開隘至丙寅年，人口增至六百餘人，再議重修擴建。溫王殿恩主再派金邱羅三位王爺等神前來本廟駐守，晉名曰德安宮金王殿。以金府王爺為主神……

竹灣村上帝廟：

　　……如本村頂甲於民前廿一年辛卯，先民為各甲建造頂寮福德廟，經百餘年從此民眾安居樂業。直至民國廿六年丁丑，北極玄天上帝降臨指示該地理配轄……

以上這兩座廟非所在地之公廟，〔註47〕分別為鎮守路口的小廟或土地公廟，

〔註44〕江燦騰主編，增田福太郎（1903～1982）原著、黃有興譯，《台灣宗教信仰》（台北：東大，2008），頁219～221。

〔註45〕配偶為所奉神明的配偶，如土地婆、太陰娘娘。挾侍為在神明左右伺候神明的小神，如觀音的善才良女、元帥神的神馬馬丁。從祀則是與神明之神務或傳說相關的神。如城隍爺的黑白無常、媽祖的千里眼順風耳等。同上註，頁209～217。

〔註46〕同註44，頁220。

〔註47〕風櫃里的公廟為溫王殿，而竹灣村的公廟為大義宮。

屬於角頭廟。〔註 48〕主神爲萬善爺與土地公，兩者在民間的認知裡神格都不高。其主神代換的原因在於有更高位階的神明指示要入駐其廟，代替原有主神之位來鎮守當地。在澎湖，同樣從原本的土地公廟更換主神後成爲新的廟宇有馬公市東衛里的天后宮、湖西鄉許家村的眞靈殿，以及湖西鄉菓葉村的北極殿。

東衛天后宮

……在康熙二年（公元一六六三年）癸卯，選就龍蟠虎踞，山水聚合之鐘靈吉地，奠基建祠供祀灶神，將俗稱下田仔同公、宮城隍併同入祀，至乾隆卅七年（公元一七七二年）壬恭奉海上守護神（天上聖母）爲主神，乃改稱曰『天后宮』。

許家眞靈殿

……吾眞靈殿溯自乾隆已亥年孟冬，奉祀開基先祖（則係原福德正神）。其時廟貌狹小雖堪。迨至光緒九年（則民前二十九年）陽月，再由鄉民耆老許建發捐資增建前落。光緒十六年孟秋之月，旋由鄉民耆老許自溪赴湄州普濟眞顯宮。因該宮內祀許府眞君與本村同一宗姓，合民眾之意取爐丹塑像許府眞君爲主神……

菓葉北極殿

溯本殿之元，係境內許公萬山肇建時，公乃一名石匠，雕福德正神及將軍石像各一尊奉祀之廟……果葉子民因廟處本境之極北，扼陰陽之道，而議決奉祀北極玄天上帝，題額北極殿以威鎮玄武，庇境佑民……

從以上對廟碑記載的節錄中可知，這些主神代換的廟宇最先所供奉的多是土地公等神格較低的神明，符合前節所述先民對於土地安定的要求。在生活相對安定之後，所要面對的是無形鬼魅所帶來的厄運與煞氣，因此所代換的主神往往擁有鎮惡除煞的能力。這些代換過來的主神有王爺、玄天上帝、媽祖等。康豹認爲台灣的王爺「是一種屬鬼，有行瘟的潛力，但是通常被視爲一

〔註48〕林晉德，《神、祖靈、鬼之性質及地位對澎湖祠廟空間之影響》（馬公：澎縣文化，1998），頁 29。角頭廟，又可稱爲甲頭廟。源於清朝的村里保甲制度，將幾戶分爲一甲，依據方位將村里分爲東西南北中五甲。由於廟宇座落於村甲的範圍內，非公廟者稱爲角頭廟。甲與角在台語發音上相近，因此角頭與甲頭並稱，有角頭廟的稱呼。

個地方的守護神，靖疫的法力特別高強。」〔註49〕，也提到「在澎湖，王
爺也是當地的守護神，漁民、商人出海前也會向王爺祭祀。」〔註50〕澎湖
的王爺信仰興盛，主要原因爲「早期的移民，漁民居多，中國道士或信徒渡
海時多奉迎『王爺』『千歲』隨船，藉以保佑海路平安，或安居後免遭瘟疫，
到澎後紛紛建廟，以爲『當境守護神』……」〔註51〕至於北極玄天上帝的
信仰在澎湖也頗爲盛行。〔註52〕其手拿寶劍斬妖除魔的形象，與「把守北
天門，法力高強，能驅邪治病。而儒教亦尊祂爲天神，即北方黑帝，並且給
予『皇天上帝北極神明』之尊號。」〔註53〕的職能，使先民在洶湧大海與
貧瘠之地的澎湖有所依靠。

　　這些以王爺或玄天上帝、媽祖取代原有的土地公或萬善公等小廟的主
神，其目的首要在於以更高位階神明之神力來鎮守村莊，鎮煞除厄之用。同
樣的也因爲原有主神神格較低的緣故，才使得主神代換得以可能。由這些主
神代換的例子可知保佑村莊安寧的實用要求爲代換主神的主要原因。同時因
爲主神更換之後，廟名也更換爲與主神相關的名稱。如風櫃的德安宮改爲金
王殿、竹灣的福德廟改爲上帝廟。以風櫃威武金王殿的例子來看，當時當地
的公廟主神──溫王殿的溫王爺指派「金邱羅三位王爺等神前來本廟駐守」，
表明公廟主神對於其轄地中的角頭廟事務擁有管理權，且現實中角頭廟的事
務也由公廟的管理組織所掌握，加上角頭廟原有主神神格低於公廟主神之
故，使得主神代換得以可能。

　　經由以上的事例，可以得出替換主神的幾個要點：（1）原有主神之神格
較低，如土地公或萬善爺等。（2）神明指示進駐於此廟。（3）廟宇地理特殊，
需要更高階的神明。（4）當地民眾迎請其他神明。這些要點會與村民們建廟
的原因相互重疊。無論是角頭廟或是公廟，廟宇的建立代表此地對此神的信
仰已經達到某種程度的依賴；同時也呈現生活環境的改變，才有辦法將最初

〔註49〕康豹（Paul Katz），《台灣的王爺信仰》（台北：商鼎文化出版社，1997），
　　　　頁178。
〔註50〕同上註，頁41。
〔註51〕黃有興，《澎湖的民間信仰》（台北：臺原藝術，1997），頁53。
〔註52〕現今澎湖地區奉祀「玄天上帝」爲主神的廟宇，有馬公東甲北極殿、西衛震
　　　　威殿、案山北極殿、鎖港北極殿、山水上帝廟、井垵上帝廟、沙港東社北極
　　　　殿、鼎灣永安宮、菓葉北極殿、城北北極殿、青螺眞武殿、紅羅北極殿、西
　　　　溪北極殿、大池治安宮、竹灣上帝廟、鼎灣開帝殿等十六座。
〔註53〕陳耀明，《澎湖的廟神》（馬公：澎縣文化，1995），頁38。

供奉神明的草寮改建為能遮風避雨的廟宇形式。這些在原有土地公廟上藉由
主神的代換而成為當地的主廟或角頭廟，可以看作是以土地公廟為基礎而繼
續擴建且代換主神所產生的新廟宇。這些廟經過一次的主神代換後就不曾再
度出現主神代換的情形。從上述對主神代換的原因來看，代換後的主神滿足
了信眾們的需求，並且無位階更高的神明降乩指示要代換主神。從另一個角
度出發，新的神靈進駐需要蓋廟祭祀以示尊敬，凸顯其重要的影響力與地位，
並且祭拜的香火才能專屬於此神。然而我們所探討的龍德宮，在三公主進駐
成為主神之後，並無更改原來三太子為主神的廟名，也沒有另建廟宇來供奉
三公主。前者原因由於無文獻記載，且地方鄉老對於此事沒有提供任何的相
關線索，因此難以找出原因。後者則可以從講美目前擁有的兩座角頭廟的歷
史，與其他村落建廟的相關傳說來推論為何沒有為三公主另建新廟的原因。

（二）主神代換的背景與影響

在澎湖興建廟宇並非一件簡單的事情。由於澎湖物產不豐，天然資源稀
少，人民多窮困度日。因此要興建一座廟宇，往往得集結眾人與旅台鄉親之
力，以此假託神助才有辦法完成。乾隆年間抵澎任通判的胡建偉在所作的〈澎
湖歌〉中言道：「土瘠民貧何處無，未有土瘠民貧到如此。」〔註54〕《澎湖廳
志》（1894）中提到「海濱斥鹵，土性磽瘠，泉源不淪，雨露鮮滋，地之所產
微矣。」、「澎地米粟不生，即家常用物，無一不待濟於臺、廈，如市帛磁瓦、
杉木、紙札等貨，則資漳、泉，糖米、薪炭則來自臺郡。」〔註55〕由此可知
若要在澎湖建廟，時間與金錢的花費頗為驚人，一般的漁村難以負擔。所以
就有了流木建廟的傳說：

> 現在七美吳府宮裡的吳府千歲，最早是一個在海上浮浮沉沉的雕
> 像。後來被一個海豐村的漁民把祂撈起來，帶回七美。當時沒有廟
> 宇可以供奉，所以就暫時把祂供奉在自己住的木屋裡。……村民在
> 生活有改善之後，便想要幫吳王爺蓋個廟，可是沒有多餘的錢可以
> 蓋廟，所以吳王爺顯靈降乩對他們說：「你們儘管去籌劃，其他的東
> 西我自己會去準備。」

〔註54〕　〔清〕胡建偉，《澎湖紀略》，頁304。
〔註55〕　〔清〕林豪原纂，薛紹元訂補，《澎湖廳志》（下），《臺灣史料集成：清
　　　　　代臺灣方志彙刊》第三十冊（台北：行政院文建會，遠流出版社，2006），
　　　　　頁423、399。

吳王爺便化身爲三個人去買木材，木材直接由大陸運回七美。村民
看到很大的船開過來，把木材卸下之後，就消失不見了。有些村民
想把木材撿回去，可是撿起來卻發現每根木頭上都蓋有吳府千歲的
印鑑，這時村民才知道這些木材是蓋廟用的。〔註56〕

　　姜佩君在《澎湖民間故事研究》中表示此類傳說在澎湖流傳甚廣，在白
沙鄉赤崁村的龍德宮、湖西鄉紅羅村的北極殿、馬公市井垵里的北極殿都有
相同的內容。姜佩君認爲這些傳說的來源背景一爲澎湖四面環海，容易在海
邊撿到漂流物。若過往船隻發生海難，則所載貨物四處漂流上岸，因此可能
在海邊撿到木材等物。加上早期生活經濟狀況不佳，廟宇往往拾用當地石頭
或柴板搭建而成，因此從海邊撿回的木材石料就能成爲較好的建材來蓋廟。
所以這類傳說除了反應過去生活困頓，建廟不易的情形外，更重要的是彰顯
神威，並且誇耀其廟宇建築的華麗所致。〔註57〕

　　其次來看講美目前的兩座角頭廟：保安宮與靈應廟。這兩座廟分別位於
講美北營與東營附近，分別供奉保生大帝與臨水夫人、陳聖王。茲將落成碑
文列於下：

〈靈應廟落成記〉

原夫廟前之地，昔建高墩，脩我鄉安鎮之所也。自是以來，鄉中人
莫不受其庇蔭焉。迫乎明治辛亥年冬十月朔，有陳長澤、陳淵堂二
信士自取慳囊，移墩建廟塑張元帥像。子月間而廟告成、季冬碩而
像安座。斯特遠近善信，熙來穰往，大非昔比。僉日橫門斗室，容
膝不堪，爰是長澤、淵堂會同本族茂金、順勝與權長、桂乾亨等共
竭綿力，以襄美舉。乃於大正二年四月八日再將斯廟全部改築，添
建前殿兼塑陳聖王臨水夫人暨福德正神三像。閏四月念三日廟成而

〔註56〕姜佩君，《澎湖民間故事傳說》（台北：聖環圖書，1998），頁25。七美吳
　　　　府宮於清同治元年（1862）興建落成。

〔註57〕同上註，頁293～295。然而漂流木建廟的傳說在臺灣也相當常見，例如台北
　　　　關渡宮媽祖化身爲婦人到唐山買木材，後漂流回關渡。台南市安平區的西龍
　　　　殿與靈濟殿、屏東東港東隆宮都有著相同的流木建廟傳說。這些傳說的共同
　　　　點在於神明顯靈或化身去購買木材、木材藉由海流飄至建廟的村莊港岸、木
　　　　材上刻有神明稱號以示專用等等。而有此事蹟的神靈則多半與海洋有關。媽
　　　　祖、玄天上帝爲護佑海上平安之神；王爺爲代天巡狩，以王船漂流各方等。
　　　　見蔡婉婷「臺南市寺廟建廟傳說之研究」（台南：台南大學臺灣文化研究所
　　　　碩士論文，2005），頁48～49。

像進焉。從此廟貌輝煌，慶神居以永莫。羣黎瞻仰，賴恩庇之濟眾。
僅將始末勒石以記。

大正癸丑年十月十二日吉立陳與權書

〈講美村保安宮簡誌及捐獻芳名〉

本宮興建於壬子年季冬，亦即民國元年十二月，時由本村先賢陳長澤
爲發起人創建，祀奉連元帥，雖規模簡陋乃極一時之盛舉。厥後經風
雨之侵蝕，斑駁不堪。民國四十七年戊戌，本村信士楊傳發爲恐湮沒
此事蹟，乃於同年暮春廿九日重修總工程陸千餘元悉由楊傳發負擔，
並立碑於內，以資留念。迨民國六十七年戊子，本村信士吳榮諧，有
鑑本村諸善信，日益繁盛，於是發起募捐擴大其規模，俾村民或外村
民眾參香膜拜之便。於同年仲春二月破土興建，六十八年季夏竣工。
同年十一月十三日入火，翌年暮春望日落成。所捐款諸善信及參與完
成熱心人士勒碑記事以垂永恆，而爲後人效法之意耳。

這兩座廟的前身爲五營中的東營與北營，由居住附近的東甲與西甲民眾負責
祭拜。位置坐落於聚落邊緣。〔註58〕前身爲營頭的緣故是地方認爲北營附近
以前爲亂葬崗，需要建立廟宇來獲得更多的香火以求保佑；東營附近則是從
海邊上岸的道路，爲了防止鬼魅從海邊上岸進入村莊，故在此設立營頭。後
來再另建靈應廟，將東營營頭遷至現址。靈應廟目前主祀臨水夫人與陳聖王，
保安宮主祀保生大帝。有如此的轉變因主持廟宇改建的信徒主導，將自己所
信奉的神明請入廟中祭祀。〔註59〕與上述所提到的增田福太郎的寄祀不同，
這是保留原有的營頭小祠，於旁另建新廟迎請新神入內。因此直至目前，這
兩座廟皆各有自己的管理組織，不受公廟龍德宮的管理。〔註60〕

　　講美村的兩座角頭廟，則是在日治時期以營頭廟的方式興建，後來才逐

〔註58〕「澎湖地區的甲頭廟多是由將軍廟或土地公廟等小廟轉化昇格而成，此種小
　　　　廟以防禦鬼魅侵犯，保護村莊安全爲其主要功能，故多坐落於村中住宅群的
　　　　邊緣地帶或村落之主要入口。」見林晉德，《神、祖靈、鬼之性質及地位對
　　　　澎湖祠廟空間之影響》，頁73。

〔註59〕靈應廟的管理由當初發起改建的陳長澤先生的後代管理。保安宮的改建主導
　　　　者吳榮諧先生過去住在北營附近，爲保生大帝的乩身，頗有靈驗。因此將原
　　　　本的北營改建成保安宮，欲推廣保生大帝的信仰。目前北營與東營皆保有各
　　　　自的小祠。農曆七月初五爲靈應廟的普渡日，七月十二爲保安宮的普渡日。

〔註60〕據龍德宮前任主委吳正利先生表示，以往保安宮與靈應廟由龍德宮管理。後
　　　　因財務管理因素與地方人士要求才各自成立管理委員會，脫離龍德宮。

漸轉變爲另奉主神的宮廟。〔註61〕以原有的小廟爲基礎再加以擴建，迎入新的神明祭祀，除了免去另覓新廟地的困擾，也可接收原有的信徒，維持祭拜香火的延續。余光弘認爲台灣開發較早的地區大多已有屬於自己村落的村廟，除非新的聚落出現，這些開發較早的地區不太會建立新廟。他以澎湖縣爲例：

> 澎湖縣是漢人最早移民墾殖之地，聚落迄今大都具有數百年的歷史，自日據以後寺廟增加率就遠落後於人口增加率，明治33年（西元1900年）全澎湖有10877人，寺廟119座，昭和9年（1934）時人口是11201人，而寺廟齋堂共計157座，到了民國69年（1980）年，人口已達107043人，但寺廟僅有142座而已。在這些老聚落中，民眾投入宗教中的財力、人力雖然不在建立新廟，卻轉移到擴建、翻修已有的寺廟。〔註62〕

所以當三公主於清同治年間後被分靈請到講美時，由於新建廟宇實屬困難，於是被請入主神爲三太子的龍德宮中接受奉祀。〔註63〕而到了日治時期，三公主已經成爲龍德宮的主神。即使村里有能力爲新進入的神明興建廟宇，祂以主神之姿並不需要另外出走。且當時的風氣在於擴建整修原有的廟宇，更使得三公主更爲穩固身爲龍德宮主神的地位。〔註64〕

最後，我們回到傳說本身來討論當時三公主來到澎湖的時空背景。傳說內容的時間爲清代，事件爲至唐山運貨遇風災，得獲三公主的拯救而安然回澎。從對廟中匾額的討論中可以得知，龍德宮於康熙到同治年間以三太子爲主神。因此以下主要將以清光緒二十年孟夏刊行的《澎湖廳志》所記載的內容作爲討論的時空背景。

〔註61〕據村中老者表示，會選擇東西營頭興建，是以前東甲西甲居住人口較多，比較有錢的緣故。

〔註62〕余光弘，〈台灣地區民間宗教的發展〉，《中央研究院民族研究所集刊》第53期（台北：中央研究院，1982），頁97。

〔註63〕同樣的情形在西嶼鄉內垵村內塹宮，有池府王爺向內塹宮前身觀音寺的觀音娘娘借地接受奉祀的傳說。後來觀音娘娘另尋他地建成慈音寺，原有的觀音寺就成爲了主奉池府王爺的內塹宮。以上見姜佩君，《澎湖民間故事傳說》，頁74～75。

〔註64〕根據龍德宮歷年來整建碑文記載，最早有紀錄的修建於清道光三十年（1850），其中經歷清光緒十六年（1890）、民國九年（1920）、民國五十三年（1964）、民國六十三年（1974）、民國七十七年（1989）、民國九十四年（2005）共六次整建。

　　首先來看導致三公主來澎的最初原因——村民往唐山運貨。清代澎湖的主要商港爲媽宮城，爲全島唯一商業港口之地。往來貿易的地點主要爲廈門與台灣，貿易的內容爲民生必需品，如米鹽布油等等。《澎湖廳志》（1894）有載：

> 澎地磽瘠，不產百物，凡衣食器用，皆購於媽宮市。而媽宮諸貨，又藉臺、廈商船，南澳船源源接濟，以足於用，則通商惠工，時守土者之要務也。〔註65〕

　　因此村民們往唐山出發，必然從媽宮出港。媽宮港爲南北風皆可停泊之處，〔註66〕若要前往廈門，則以二、四、八、十月爲穩。〔註67〕《澎湖紀略》（1771）提到，從廈門來台者，必以澎湖爲關津。〔註68〕行船停泊的時節爲夏月南風，順駛最易。〔註69〕此時爲由唐山抵澎的最佳時機。所以海上遇難獲救於唐山的村民們，可能於夏季回澎。由此逆推，村民們出海至廈可能爲去年的八月十月。此時風勢起緩，且風向轉變，易於出海至廈。然而海象瞬息萬變，可能於橫洋之際遭遇颱風或季風。雖獲神助得救，但若要安穩的回澎，則需等至來年夏季風向轉變之時。

　　從各方志對於澎湖的物產記載中得知，澎湖爲一貧瘠之地。因此稅收部份，就有較台灣地區更爲微薄的情形出現。〔註70〕由此看來，以務農捕魚維生的澎湖居民，生活自然困苦不已。相較之下，當時有能力經營商行，來往於臺廈之間的商人，爲少數的高收入分子。這些人見多識廣，經濟能力較好，對村莊的影響力較大。尤其在廟宇經營中，捐助善款最多者，往往能握有較多的主導權。在傳說中到唐山運補貨物的船主，應該就是講美地區裡少數的

〔註65〕〔清〕林豪原纂，薛紹元訂補，《澎湖廳志》（上）《臺灣史料集成：清代臺灣方志彙刊》第二十九冊（台北：行政院文建會，遠流出版社，2006），頁152。

〔註66〕同上註，頁73。「論泊舟時，北風宜於內、外塹，南風宜於八罩嶼。惟媽宮港無論風南、風北，皆可泊船……」

〔註67〕同上註，頁99。引《臺志》：「過洋，以二、四、八、十月爲穩……」

〔註68〕〔清〕胡建偉，《澎湖紀略》，頁53。「凡廈船來台，必以澎湖爲關津；從西嶼入，或寄泊嵵裡，或媽宮、或八罩，然後渡東吉洋，凡五更至臺灣，入鹿耳門。」

〔註69〕同註65，頁101。引《赤崁筆談》：「湖澎諸島，夏月証值南風，由媽宮澳入港，順駛最易……」

〔註70〕同上註，頁156。「……臺、澎賦稅皆從輕斂，而澎地則輕之又輕，視內郡所徵，不及十之一、二……」頁176：「夫臺、澎皆海中島嶼，乃臺號土腴而澎皆貧薄……而每歲賦斂不及三百金……」

商人階級。因此在歷劫歸來之後，除了迎回當初顯靈救援的三公主之外，還能陸續迎請其他公主來澎。其中往來的船資，舉行請迎的儀式等等，這些花費只有身爲商人才有足夠的能力負擔。同時也必須注意到的是在三公主到來之前，龍德宮原本的主神爲哪吒三太子，之後因謙讓之意而讓出主神之位。這個主神替換的事件，姑且不論兩尊神明如何商量誰當主神，就人爲影響的層面來看，此事與這批出身講美的商人有很大的關係。

澎湖地區早期商人士紳對於地方建廟的影響，可從媽宮（今馬公）寺廟的興衰起落見之。由於媽宮港爲澎湖從清朝時期至今的主要商港，其他村社皆需從媽宮購得民生物資。因此媽宮市商業的發展，影響到澎湖其他村社的發展狀況。

根據余光弘《媽宮的寺廟——馬公市鎮發展與民間宗教變遷之研究》〔註71〕所述，媽宮市內寺廟創建修葺的時間約可分成三期：（1）1683～1895清領時期（2）1895～1945日治時期（3）1945光復後至今。〔註72〕第一時期早期道光年間前（1683～1821）的媽宮寺廟主要屬於官府或駐兵所建，而在道光之後到日本統治的這段期間，則以官民合建與民間修建者居多。官民合建合修者主要以政府的官祀爲主；民間修建者則是以民間信仰中的神靈爲主，例如祀奉王爺的海靈殿與北辰宮等。日治時期則以民間修建寺廟爲主。因政權轉移所致，在皇民化運動實施下，多半對舊有寺廟加以修建，少有新建寺廟。此時期日方佔用某些廟地作爲醫院或官員宿舍、學校或辦公廳，導致這些寺廟殘破或消失。但有些重要的清代官祀被保留下來，甚至受到日本官方的尊重，例如天后宮與城隍廟。而在1945年臺灣光復後，政府對寺廟興建的介入程度降低，新建與修建戰後寺廟的情形才又活絡起來。〔註73〕

民間修建寺廟的規模與次數逐漸與官祀抗衡，原因在於地方商業的繁榮與清朝駐兵縮減，導致地方士紳階級興起與班兵勢力減弱。媽宮此時從早期的兵營漸漸轉變爲位居臺灣與福建中間的商業中繼港岸。〔註74〕林豪於1894年刊行的《澎湖廳志》中提到：

> 街中商賈，整船販運者，謂之臺廈郊。設有公所，逐年爐主輪值，

〔註71〕余光宏，《媽宮的寺廟——馬公市鎮發展與民間宗教變遷之研究》（台北：中央研究院民族研究所，1988）

〔註72〕同上註，頁127與圖6-1。

〔註73〕同上註，頁126～141。

〔註74〕同上註，頁133～137。

以支應公事。遇有帳條爭論，必齊赴公所，請值年爐主及郊中之老
成曉事者，評斷曲直，亦省事之大端也。然郊商仍開鋪面，所賣貨
物，自五穀、布帛以至油酒、香燭、乾、紙筆之類及家常應用器，
無物不有，稱爲街內。〔註75〕

臺廈郊此一民間商業聯合行會的成立，揭示出光緒年間（1875～1908）
媽宮商業興盛之情況。延續著清領時期的商業活動，媽宮港在日人政策的影
響下其對中國的商業活動在日治中期達到巔峰，直到 1937 年甲午戰爭爆發後
才逐漸停息。余光弘提到：「在清代的所有建廟活動中，官民合力的共有 15
次，其中的六成發生於道光之後；民間獨資完成的共計 8 次，成於道光之後
的多達 7 次。」〔註76〕商業的興起與民間投入寺廟修建比例的增加，表示商
人士紳階級的影響力大增。他們將資金投入建設廟宇，除了感謝神明庇佑與
回饋鄉里外，也能爲自己增加地方聲望。

透過余光弘對媽宮寺廟興衰的研究可知清道光後期到日治中期爲媽宮民
間修建廟宇的興盛期，其主要因素源於商業繁榮所造成的商人階級興起，以
及官方干涉的減弱。在講美龍德宮這裡，廟中古匾「位正東宮」的懸掛年代
爲同治 7 年（1868），正值媽宮民間修建廟宇的活躍期。由於「東宮」意指太
子，可能是立匾者感謝三太子而獻。此則表示當時龍德宮主神爲三太子，那
麼三公主到來之時可能爲同治七年之後。另外日人增田福太郎於昭和九年底
（1934）所完成的〈全台灣寺廟主神調查表〉中，表（庚）〈三廳寺廟主神調
查表〉澎湖廳部份就記有玉皇公主一位，爲當時全澎湖 117 位寺廟主神之一。
〔註77〕1868 年至 1934 年這 66 年間龍德宮的主神經歷轉換。假若講美村民到

〔註75〕〔清〕林豪原纂，薛紹元訂補，《澎湖廳志》（下），《臺灣史料集成：清
　　　　代臺灣方志彙刊》第三十冊（台北：行政院文建會，遠流出版社，2006），
　　　　頁 398～399。

〔註76〕余光弘，《媽宮的寺廟──馬公市鎮發展與民間宗教變遷之研究》（台北：
　　　　中央研究院民族研究所，1988），頁 134。

〔註77〕江燦騰主編，增田福太郎（1903～1982）著，黃有興譯，《臺灣宗教信仰》
　　　　（台北：東大，2008），頁 123。另外丸井圭治郎編輯，大正八年（1919 年）
　　　　出版的《臺灣宗教調查報告書第一卷》爲全台第一次宗教大調查的結果。其
　　　　中附錄頁 16～19 有寺廟主神調查表，表中並無玉皇公主。增田福太郎的調查
　　　　（1934 年）爲第二次全面有規模的全台宗教調查。增氏認爲丸井圭治郎的調
　　　　查表過於簡單且時間久遠，無法反應當時寺廟主神祭祀情形。因此以《南瀛
　　　　佛教》第十三、十四卷的〈臺灣寺廟祭神一覽表〉與各地州廳所呈報的《寺
　　　　廟臺帳》爲基礎，建立更詳細的調查表。見《臺灣宗教信仰》頁 108～109。

唐山運貨遭遇風災，而被三公主搭救上岸的傳說發生於此 66 年間，則符合媽宮商業興盛的時期。因此在將三公主從唐山迎回講美的事件裡，商人士紳自然而然具有相當的財力與影響力，才足以完成此事。雖然沒有直接的記載證明講美地區的商人在此事件中所擔任的角色與投資，但從相關時期澎湖唯一商業大港媽宮城商人士紳與廟宇關係密切的情形來看，不僅為龍德宮三公主傳說提供了可能的時間背景，也賦予了商人在其中主導運作的可能性。

　　一般而言從外地迎回的神明，若是因個人因素而請迎者，多半供奉於家中，或是另行建廟供奉。〔註 78〕若要進入村莊公廟接受祭祀，則需要主持廟方的重要人士同意，或是全體信徒的支持才有可能。換言之，與公廟相關的事務，為全村之大事，非為滿足少數人願望所設。故能將以三公主為首的五位公主從大陸迎回講美，進入龍德宮中供奉，表示傳說中的海難事件在當時為重要的大事。之所以重要，可以從兩方面說起。一是在傳說中提到當船隻遭遇強風而狀況危及時，村民祈求上蒼保佑一事。由於龍德宮原有的主神為三太子，因此村民必然祈求於祂。就傳說的後續發展來看，三太子於當時似乎無法完滿解決此事。當歷劫歸來者帶回三公主神尊供奉時，三公主顯靈救難的事蹟遂與當時祈求三太子幫助而未能如願的情形產生對比。另外一種情形可能是三太子在回答信眾時，說明此事已由三公主所掌握，所有人會平安回來並迎請三公主至澎等等。〔註 79〕

三、小　結

　　在主神代換的事件中，我們很少見到低階神取代高階神的例子。因為信眾因危機需要其他神明時，高階神所代表的力量更強，更能解決低階神所無法面對的難題。此外，力量的強弱也暗示著權力在主神代換裡的重要角色。在詹姆斯‧沃森（James L. Waston）的論文〈神的標準化：在中國南方沿海地區對崇拜天后的鼓勵（960～1960）〉裡，媽祖之所以取代當地原有的沙江媽或其他的本地神，因媽祖以天后的封號獲得強大的力量。〔註 80〕這力量的來

〔註78〕如講美村現在的保安宮與靈應廟，都有私人另行建廟供奉的因素。

〔註79〕筆者在採訪三公主顯靈故事時，就有其他村莊的主神如此回答信眾的問題。因此做此推測。

〔註80〕詹姆斯‧沃森（James L. Waston），〈神的標準化：在中國南方沿海地區對崇拜天后的鼓勵（960～1960）〉，收入韋思諦（Stephen C. Averill）編，陳仲丹譯，《中國大眾宗教》（南京：江蘇人民出版社，2006），頁 57～92。

源則是天后封號背後所代表的國家級崇高認證，以及當地握有商政勢力大家族對媽祖信仰的尊崇。地方士紳階級透過信仰朝廷承認、冊封的神明來取得國家的信任，以此獲得更多商政上的獲利。關於這點，沃森針對論文中的案例已有詳細論述。因此，取代原有主神的權力內含兩種來源，一是更高階更有力量的神明，二是當地有力人士的推動。前者可見風櫃村公廟主神王爺指示更換角頭廟主神的例子，後者則可見於沃森的論文。實際上，這兩種權力來源相互混雜影響。士紳大家藉神明之名舉行村里活動或改變輿論；士紳家族本身的政經實力同樣能影響村里的發展。這種單一大家族影響某地區發展和信仰的情形，容易見於村落發展的早期，或是專制時代。在現代資訊發達社會環境變化快速的環境裡，沃森所論及的士紳階層與國家透過對地方信仰的經營彼此相互迎合，獲取利益的情況已不如過往明顯。龍德宮代換主神的年代已不可考，但透過清代地方志書與日人的調查報告，可知在日治時期主神已代換成三公主。〔註81〕龍德宮不被收錄於清代方志裡，表示就官方角度而言，此廟此神非朝廷承認的官祀，自然不受注意。那麼沃森論文所提的士紳透過朝廷推崇的媽祖信仰與國家合作的情形就難以出現，主神代換的權力主導就完全落在士紳當地的影響力上。我們必然不能忽略神明指示對當地信眾的影響，但俗世事務仍需依靠信徒執行。那麼當時握有廟宇管理權的人士就成為主神代換事件中決定性的人為因素。可惜的是，當時並無紀錄留存，至今此事件幾乎成為鄉里傳說。我們只能從相關的案例研究去思考此事件的可能性與意義。

楊慶堃在《中國社會中的宗教——宗教的現代社會功能與其歷史因素之研究》中認為公共災難——危機的出現，與帶領民眾度過危機的英雄，是信仰得以長期延續於社會當中的重要因素。

> 要延續並保持人們對這種崇拜的熱情，就一定要有神話傳說來支持
> 它。……這些要求中的任何一個的偶然實現，都可能成為被神化的
> 英雄聲名遠播的契機。……為了使民間在常態下也長期紀念英雄，
> 英雄必須成為普通百姓實際生活中的組成部份，為他們提供普遍的
> 價值觀，並幫助他們實現日常生活中的願望。〔註82〕

〔註81〕江燦騰主編，增田福太郎（1903～1982）著，黃有興譯，《臺灣宗教信仰》（台北：東大，2008）頁 194。

〔註82〕楊慶堃，《中國社會中的宗教：宗教的現代社會功能與其歷史因素之研究》（上海：上海人民出版社，2006），頁 161。

　　楊慶堃在此討論的對象是具有歷史事實，從人而神的人格神信仰，也就是崇拜在歷史中具體存在，對地方有所貢獻因此死後被尊成神被祭祀崇拜的信仰。這些神明透過生前所留下的聲望傳說，在死後以神的身份繼續為地方服務貢獻。透過實現民眾日常生活中的祈願，使這些神明得以繼續被民眾所祭拜。舊的傳說讓人而神成為可能，新的傳說使信仰能繼續延續。傳說的不斷出現形成了延續信仰的動力，也讓此神的職能與形象透過不同的傳說內容得到改變。對民眾而言，危機的出現是祈求神明保佑的最佳時機。這同時也是神明展現神力，創造新的傳說以鞏固信仰的絕佳時刻。「如果某個信仰沒有顯靈的事蹟或神話傳說相伴隨，那麼曾經有過突出貢獻的英雄人物就會被忘卻……」〔註 83〕民眾與神明之間的相互依存關係在危機來臨時得到顯現。有求於神明解決的危機，是個人或集體無法解決的事件，必須透過神明的無形之力才能得到解決的困難。例如戰爭、天災、個人的生死運途等，都是民眾祈求神明解決的危機。因此「在新的危機中，神靈一經顯示奇蹟，幫助人們渡過難關，朝廷或民間一定會嘉獎神靈，給予神靈特定的封號。……人對神的尊重，往往通過修葺寺廟或將廟的內部整修一新來表示。」〔註 84〕如此一來，信仰的傳播與信徒的忠誠得到了加強。透過解決集體的危機，神明成為了村落的英雄，建立起信仰的根基。而信眾個人願望的實現，讓信仰的傳播範圍與延續得到了擴展。就神明與信徒而言，雙方創造了雙贏的局面。

　　關於面對危機的祈求與神力的展現，不單限於人而神的神明所能表現的場域。這種關係的需求存在於每個信仰當中。從上一段的論述中可以知道某神信仰在民間得以確立的原因，在於事蹟的顯現。此事蹟的顯現又可分為公眾事務與私人祈願兩方面。前者為顯靈帶領村莊度過災厄，例如台灣地區常見的女神接炸彈的故事。後者為達成信徒的祈求，使信徒相信此神的靈驗庇護。接而從個人經驗聚集成集體的共同認知，造成此神信徒眾多，信仰活動興盛。所以為了使對此神的香火可以綿延不絕，神明必須滿足日常時候信徒的願望，不能只在非常的危及時刻中顯現神蹟，畢竟集體性的非常時刻不會經常出現於日常生活當中。但若在非常時刻中沒有顯現出滿足信眾需求的表現，則對此神的信仰會受到極大的衝擊。從此來看三公主藉由拯救落難村民

〔註83〕楊慶堃，《中國社會中的宗教：宗教的現代社會功能與其歷史因素之研究》（上海：上海人民出版社，2006），頁 161～162。
〔註84〕同上註。

進而從大陸被供奉來講美的故事，可以推測出主神替換的原因。〔註85〕

〔註85〕 從筆者對村中耆老的訪問中，受訪者對於三公主如何能取代三太子一事多表示不清楚，或認為這是神明的事情，凡人無法多談。

第四章　神格與性別特質的探索

　　民間信仰裡眾神紛雜，每位神明都擁有各自的職能與稱號。眾神們皆聽命於玉皇大帝的統領，形成一個神界的分工體系。這些神明的稱號依循著古代封建制度與親屬關係地位高低的稱呼。男性神明有公、帝、王、爺、君等；女性神明有后、妃、姑、娘、媽等等。這些都是針對神明神格所給的尊稱。阮昌銳認為神明的生活與人間相同，從稱謂中可以看出神明在天庭的位階等級：「表示政治地位的有皇、帝、君、王、后、妃等，軍事領袖有元帥、將軍；家族尊長的有祖、公、爺、媽、母、娘等。〔註1〕

　　天庭的社會等級如同人間等級一般，透過稱號來分辨其職能或位階。除此之外，拜拜中燒給神明的金紙也依據神明位格的不同而有所分類：

　　（1）天公金：燒化給位階較高的神明，如玉皇大帝、三官大帝、南斗、
　　　　　北斗星君等。
　　（2）壽金：獻給一般的神明使用，範圍最廣最通用。
　　（3）九金、九銀：用於祭拜土地公或后土，位階小於壽金。祭拜祖先或
　　　　　小神、有應公、百姓公等都能使用。〔註2〕

　　從上引的金紙種類與用途裡，對於金紙種類與使用對象再可大略分為兩類：一為祭拜玉皇大帝或三官大帝，二為祭拜一般神明。在一般神明與祭祖等祭拜儀式的範圍裡又可分出土地公、犒軍或拜祖先用與祈求改運用等。〔註3〕

〔註1〕阮昌銳，《中國民間宗教之研究》（台北：臺灣省立博物館，1980），頁120。
〔註2〕施晶琳，《臺灣的金銀紙錢：以台南市為考察中心》（台北：蘭臺出版社，
　　　　2006），頁64～66。更詳細的金紙分類可參見張懿仁，《金銀紙藝術》（苗
　　　　栗：苗栗縣政府，1996），頁28～35。
〔註3〕犒軍的對象是神明手下的五營兵將。犒軍的時機有主神生日、中元普渡、更

雖然每種金紙的花紋格式皆有所不同，多達十幾種，但並無相對應的仔細分出每位神明的位格高低。神格最高的玉皇大帝以下，為一般神明與土地公，還有祖先與鬼魂。由此觀之，從金紙種類去判斷神明位格除了神格最高與最低者之外，中間的一般諸神其位格等第是模糊的。在稱號上面雖然有公、君、帝、爺、后等不同的稱呼，但在實際的祭拜用具裡卻以廣泛囊括的方式去對待這中間的一般諸神。在此實際的操作層面上，帶給信眾的影響是大多數神明的位格被限定於一廣大的區塊裡，只有少數幾位神明擁有專屬的金紙格式，例如玉皇大帝與土地公。這兩位神明正可當作天庭內眾神位格高低的強烈對比。換言之，除了少數位格被認為是最高或最低的神明之外，其他神明若要相互比較其位格，就必須以最高或最低這兩端的神明當作比較的基準，否則不容易在這中間區塊裡獲得比較的結果。在這樣的影響之下，一般民眾要區分神明位格的高低是不容易的，也沒有標準的規定可供參考比較。

在天庭當中，玉皇大帝如同人間的皇帝一般統御眾神。底下的眾神各有其分工職能，掌管著宇宙運行與人間的禍福命運。這種天庭體制源於長久以來民眾的想像積累，以及人間政府體制的啟發。民眾不需再重新適應一套神明體系，同時能快速的熟悉並相信這一套體系的存在——如同他們對人間官員的熟悉一般。眾神們在翻版自人間行政體系的天庭行政系統當中，各有其職能與階級的分別。〔註 4〕因此在信眾膜拜的宮廟現場裡，標示天公——玉皇大帝的令符總是放在宮廟中門的上方，俯瞰底下眾生與主神，表示其主宰一切的最高地位。而信眾的膜拜順序也總以天公為最先，主神其次。由此看來，宮廟的場域與信眾的膜拜順序具體而微的體現出天庭行政體系的高低之分。

一、神明的位階等第比較

本節將約略敘述「神明如官員」的觀念如何產生並影響民眾的看法。這樣的觀念反應在歷代皇帝對神仙的冊封，以及當地民眾對神明的看法。對玉皇三公主及其他諸位公主而言，請神咒裡所表達的職能以及玉皇三公主「無極天大元帥」的頭銜，都呈現「神明如官員」觀念的影響。這些職能描述與頭銜對諸位公主神們帶來怎樣的影響？又對信眾呈現出怎樣的模樣？

新五營竹符、每月初一十五等。
〔註 4〕見附錄表 3 表 4，頁 120。引自阮昌銳《中國民間宗教之研究》，頁 113、116。

（一）觀念的型塑

神明為天庭官制裡的一員這一觀念普遍存在於民眾的心中。換言之，神明有官員的身份，在天庭這一「國家」裡受玉皇大帝的管理。人間政府的制度被用於說明天上的神明，這個說法來自於人間對於天庭的想像。以官員類比神明的位階與職能，能使眾神位於一穩定的體系當中。然而這一觀念並未強而有力的規定了眾神的位置。我們可以從日常經驗中得知每個人對於眾神定位的看法不一。若要詳細的繼續探究下去，往往無法得到具有普遍解釋效力的答案。產生如此情形的原因，來自於民間信仰的區域化發展、信眾的個人解釋，以及民間信仰本身並無大一統的經典與制度的架構所致。因此神明官員的觀念雖然易懂，但詳細的內容卻模糊不清。這個觀念如何被型塑與產生影響，其原因紛雜，彼此又交互影響。以下主要討論的對象是天庭裡的神明，因為我們的主題是玉皇三公主，玉皇大帝的女兒。至於陰間裡的神明則不予討論，即使陰間神將的配置就是一幅軍警官僚圖式。〔註5〕原因可能來自於鬼魂需要被管理、懲治，才能避免它們危害人間。

1. 國家的冊封

歷朝以來國家對於境內的名山大川皆會進行冊封，以感謝它們對於國家社稷的付出。因此這些祭祀就成為官方祀典中的一員。官祀的標準如《禮記》所言：

> 夫聖王之制祭祀也：法施於民，則祀之，以死勤事，則祀之，以勞定國，則祀之，能禦大菑，則祀之，能捍大患，則祀之。……及夫日月星辰，民所瞻仰也；山林川穀丘陵，民所取材用也。非此族也，不在祀典。〔註6〕

除了感謝天地之外，官方祭祀的另一象徵在於人間的帝王能擁有操縱超自然界的權力，因此能將名山大川封神並加以祭祀。其力量的來源從「天子」這一君主的封號中獲得解答。「天命」在政權的轉移上扮演重要的角色，君王莫不稱自己握有天命。天命代表超自然的道德依歸，也代表擁有統治權的正

〔註5〕 例如作為陰間審判官的城隍，如同人間司法官般審判鬼魂生前功過。其手下有捉拿鬼魂的范、謝兩位將軍。清代城隍作為祭屬的主祀神，意義在於管理這些無主鬼魂。見江志弘，《台灣傳統常民社會的明幽二元思維——普度、祭屬與善書》（台北：稻香，2005），頁182～188。

〔註6〕 〔漢〕鄭玄注，〔唐〕孔穎達正義，《禮記注疏》〈祭法〉（台北：新文豐，2001），頁2010～2011。

當性。因此「天子」所指的是上天在人間的代理人，以天命爲自身君權的來源。故唯有天子能祭天，代表身份能與天相配。天子之下的各級官員依其位階之別，所能祭拜的對象也有所不同：

> 天子祭天下名山大川，懷柔百神，咸秩無文。五嶽視三公，四瀆視諸侯。而諸侯祭其畺内名山大川，大夫祭門、戶、井、竈、中霤五祀。士庶人祖考而已。各有典禮，而淫祀有禁。〔註7〕

上引的記載可看出身份的差異與祭祀對象的差異相配，位階越低者祭拜的對象位階與影響範圍越低。天子祭天下與百神、三公祭五嶽、諸侯祭四瀆，到士庶人只能祭拜祖先。這種分類體現了階級與統治權的差異。藉由對祭拜對象與政治身份的相配，整個國家的行政體系與超自然世界相互配合，形成和諧穩定的結構。因此對於不被認可的淫祀加以禁絕，其原因在於非官方認可的祭祀行動——淫祀爲結構之外的不穩定因素。其打破了身份與祭祀對象的限制，造成身份認同上的錯亂，以及權力範圍的跨越，對於國家的統治造成破壞性的影響。〔註8〕如果不將天下眾神整合成單一的系統，使其臣服於「天」的絕對權威之下。那麼在諸神混亂的情況裡，信仰混雜所造成的混亂會使「天命」依歸何處遭受質疑。如楊慶堃所言：

> 上天所具有的凌駕諸神之上的至高無上性，在整合地方眾神的過程當中，產生了單一體系等級；如果沒有神明體系等級，可能會導致宗教傳統的相互排斥性以及混亂的出現，而不可避免地會影響到帝國政治生活的統一性。〔註9〕

因此，君王對於境內名山大川的冊封，表現出身爲天子——天在人間的

〔註7〕 〔漢〕班固，《新校本漢書》，〈郊祀志第五上〉（台北：樂天，1974），頁1193～1194。

〔註8〕 「『淫祀無福』，若濫祭則亦何福之有？……誠以惑人耳目、亂人心志，敗人風俗，愚夫愚婦赴之若渴、慕之如飴，燒香結會，大爲世道人心之蠹者，不可不懲也。」胡建偉纂輯，《澎湖紀略》卷二，〈地理紀‧廟祀〉，收入《臺灣史料集成：清代臺灣方志彙刊》第十二冊（台北：行政院文建會，遠流出版社，2004），頁74。楊慶堃認爲：「以往的歷史告訴統治階級，若不施以政治控制，強大的宗教力量就會被其他團體所利用，比如某個游方的和尚或道士，更甚者叛軍，有可能建立起與政權相抗衡的權力中心。」〔美〕楊慶堃著，范麗珠譯《中國社會中的宗教：宗教的現代社會功能與其歷史因素之研究》（上海：上海人民出版社，2006），頁172。

〔註9〕 〔美〕楊慶堃著，范麗珠譯《中國社會中的宗教：宗教的現代社會功能與其歷史因素之研究》，頁130～133、137。

代理人——能對諸神加以控制的權力。如此一來，神明信仰與世俗的政治系統相互結合，並受到人間君主的控制。目的在於透過對信仰的控制來達到維護政權行使的正統性，並穩定社會與諸神的信眾，那麼官員與神明之間的位階差異得以類比甚至比較。國家的統治除了透過官員實施於民，更通過對神明的冊封與官祀的舉行表示權力的範圍與延伸。透過信仰中所傳達的道德教化，維護社會的安定以及政治秩序的穩定。〔註 10〕

　　經由對民間眾神的冊封，表示政府對於信仰的控制與權力，藉此穩定遠離中央政府之外的諸多地區。把民間眾神收編入官方祀典當中，除了承認當地信仰的正當性之外，更重要的在於利用信仰的影響力達成安定地方秩序、鞏固政府治權的目的。從官方朝廷的角度來看是如此，而從民間信徒的角度出發，獲得官方的認可並納入祀典無疑的表現出對此神靈驗的肯定。官方的封號能使神明獲得更多的肯定與承認，並促使信仰範圍的擴大，增加更多的信眾。以宋代為例，承襲了唐代冊封神明的作法，並加以制度化、擴展冊封對象。將許多民間神明納入祀典當中，並加以打擊、剗除淫祀。此舉使官方成為民間信仰正統與否的裁決者，朝廷能以此控制民間。另外宋代所立下的賜封標準，也被後來各朝所延續使用。〔註 11〕北宋後期開始對民間眾神的冊封行動延續至南宋。方式是賜封神明官爵名號，或列入祀典。〔註 12〕神宗熙寧七年（西元 1074 年）下詔冊封的標準是：「應天下祠廟祈禱靈驗，未有爵號者，並以名聞，當議特加禮命。」〔註 13〕以靈驗當作冊封的標準，要求各

〔註 10〕　同上註，頁 137～142，145～149。

〔註 11〕　在唐代就有神明受朝廷封爵的記載。如《舊唐書》，〈禮儀志四〉：「玄宗先天二年，封華嶽神為金天王。開元十三年，封泰山神為天齊王。天寶五載，封中嶽神為中天王，南嶽神為司天王，北嶽神為安天王。」見〔後晉〕劉昫撰，楊家駱主編，〈新校本舊唐書附索引〉（臺北：鼎文，1981），頁 934。此後各代冊封神明的方式多同於宋。以媽祖為例，宋代封夫人、妃；元代封天妃、清代封天上聖母、天后。封號也如宋代般，先封二字，再封四字。元代元世祖至元十八年封「護國明著天妃」、至元二十二年加封「顯佑」，大德三年加封「輔聖庇民」，為「護國輔聖庇民顯佑明著天妃」。另外或另封封號，如明洪武五年封「昭孝純正孚濟感應聖妃」，永樂七年封「護國庇民妙靈昭應弘仁普濟天妃」。見皮慶生，《宋代民眾祠神信仰研究》（上海：上海古籍出版社，2008），頁 21～22。

〔註 12〕　〔美〕韓森（Valerie Hansen）著，包偉民譯，《變遷之神：南宋時期的民間信仰》（杭州：浙江人民出版社，1999），頁 77～78。

〔註 13〕　〔清〕徐松輯，《宋會要輯稿》，〈禮二十二之二〉，收入《續修四庫全書》史部政書類（上海：上海古籍出版社，1995），頁 802。

地官員上報其轄區內靈驗卻無封號的廟宇，爲這些廟宇冊封封號。在神宗元豐六年（西元 1083 年），太常寺博士王古上奏：

> 詫今諸神祠，無爵號者賜廟額，已賜額者加封爵，初封侯，再封公，次封王，生有爵位者從其本。婦人之神封夫人，再封妃。其封號者初二字，再加四字。如此，則錫命馭神，恩禮有序。凡古所言，皆當於理。欲更增神仙封號，初眞人，次眞君。如此，則錫命馭神，恩禮有序。〔註14〕

這些封號裡只有侯、公、王作爲等級差異的表示，至於前面的形容詞則是給予此神的榮耀讚詞，並無涉及任何的職務內容。因此，朝廷對於神明的冊封主要是表揚祂們的靈驗與對民眾宣傳廣大的神力。如果眞以任命官員的態度來冊封神明，則這些神明就有任期的限制與調動的可能。但實際上這些神明並不如此。韓明士（Robert Hymes）認爲朝廷沒有以任命官員的心態去加封神明，也不把神明當作官員。但他並不否認朝廷對神明加封的行爲會讓民眾產生神明爲天庭官員這一觀念的可能性。〔註15〕

2. 朝廷對淫祀的態度

北宋徽宗政和元年七月二十七日（西元 1111 年），秘書監何志同上奏表示祀典所載的祠廟並不完全有功烈於民，純爲一時建制時所列入。他請求皇帝重新整理並檢查祀典諸州祠廟，同時將有封號卻未納入祀典記載的祠廟重新入典，相互清查，使諸神封號能一致避免混亂。〔註16〕皇帝下詔回應：

> 太常寺、禮部遍行取索，纂類《祀典》。將已賜額並曾封號者作一等；功烈顯著，見無封額者作一等；民俗所建，別無功德及物，在法所謂淫祠者作一等。各條具申尚書省，參詳可否，取旨。其封爵未正，如屈原、李冰之類，豈有一身兩處廟貌、封號不同者?宜加稽考，取一高爵爲定，悉行改正。〔註17〕

皇帝贊同何志同的建議，並且提到祀典裡將諸州祠廟分爲三等：「將已賜額並

〔註14〕〔清〕徐松輯，《宋會要輯稿》，〈禮二十之六〉，收入《續修四庫全書》史部政書類（上海：上海古籍出版社，1995），頁 807。

〔註15〕韓明士（Robert Hymes）著，皮慶生譯，《道與庶道：宋代以來的道教、民間信仰與神靈模式》（南京：江蘇人民出版社，2007）頁 201～206。

〔註16〕〔清〕徐松輯，《宋會要輯稿》，〈禮二十之九〉，收入《續修四庫全書》史部政書類（上海：上海古籍出版社，1995），頁 805～806。

〔註17〕〔清〕徐松輯，《宋會要輯稿》，〈禮二十之十〉，收入《續修四庫全書》史部政書類（上海：上海古籍出版社，1995），頁 806。

曾封號者作一等；功烈顯著，見無封額者作一等；民俗所建，別無功德及物，
在法所謂淫祠者作一等。」祠廟的三種分類提供一些對於祠廟情況的訊息。
第一種是已經受到朝廷冊封的祠廟，表示此廟的靈驗與功烈事蹟已被朝廷知
曉。第二類為功烈顯著，但未見封額。這類祠廟與第三類無功德的淫祠的差
別在於是否有符合朝廷認為是功烈的顯著事蹟；而相同的地方則是兩種祠廟
皆未被冊封。若以是否收入祀典來作為淫祠的判定標準，這種單純的二分法
將會使第二種祠廟列入淫祠的行列裡，即使功烈顯著。但實際從上述皇帝所
頒布的標準來看，功烈事蹟的表現才是判斷淫祠的重要標準。既然如此，朝
廷所認定的淫祠做了什麼事呢？以下所引用的文獻可以作為解答：

> 仁宗天聖元年十一月八日（西元 1023 年），戶部郎中、知洪州夏竦
> 言：「臣聞左道亂俗，妖言惑眾，在昔之法，皆殺無赦。蓋以姦臣逆
> 節，狂賊潛窺，多假鬼神，搖動耳目。……假託機祥，愚弄黎庶，
> 勦絕性命，規取財貨。皆於所居，塑畫魑魅，陳列幡幟，鳴擊鼓角，
> 謂之神壇。〔註18〕

這些淫祠使其信眾聚眾滋事、殺人祭鬼、謀圖財貨、不畏官吏等等，造成朝
廷在治理上的不便以及人民的損失。就朝廷統治的角度來看，淫祠應當被官
員所禁絕，因為它們危害到地方與人民的安危。所以這些淫祠當然沒被國家
冊封，納入正當的祭祀體系裡。因此朝廷允許官員得以毀壞這些淫祠，官員
也把毀壞淫祠作為自己的政績而向上呈報。

　　第二類祠廟與第一類和第三類祠廟相比，呈現著中間狀態。第一類祠廟
是朝廷所承認的對象，第三類祠廟是朝廷所壓制的對象。第二類祠廟尚未受
到冊封的原因可能為官員尚未呈報，或是詔令尚未發布等等。但功烈事蹟的
顯著是必然的存在，並受到了官員的注意以及地方的承認。所以在祀典之外，
依然有著一定數量的祠廟等待被冊封。這些祠廟事實上已經得到朝廷的承
認，因為它們所表現出來的事蹟與淫祠不同。那麼冊封就被當作提昇祠廟神
明聲望的最後一步。如此一來那些未被列入祀典的祠廟就不會被朝廷認為是
淫祠而被鎮壓消失，繼續在地方發揮影響。

　　如果朝廷對於地方淫祠的鎮壓如此確實，那麼理論上宋代的各地祠廟之
神皆被冊封入典，不應留下任何尚未被冊封的祠廟——因為它們屬於淫祠。

〔註18〕　〔清〕徐松輯，《宋會要輯稿》，〈禮二十之十一〉，收入《續修四庫全書》
　　　　史部政書類（上海：上海古籍出版社，1995），頁 806。

這種情形只能成爲理想中的圖景。祠廟的出現並非爲了被朝廷承認被納入祀典，反而被冊封是這些祠廟得以擴大其名聲的最終步驟。靈驗在先，冊封在後，因此如同上述可以推論出依然會有祠廟未在祀典的記載當中，但不被認爲是淫祀而繼續存在。要在短時間內調查境內所有祠廟的功烈事蹟是不可能的。在《宋會要》的記載當中，給予祠廟冊封的行動若從北宋太祖開寶七年（西元 974 年）將李冰廟改號爲廣濟王算起，到南宋寧宗嘉定十四年（西元 1221 年）封四川羅江縣羅山顯靈廟廣佑眞君爲止，冊封行動至少持續了 247 年。〔註 19〕這當中當然有經過戰亂的阻撓，但我們也不能否定仍有新的神明持續出現，並被呈報給朝廷進行冊封。

這些針對淫祀與朝廷冊封祠廟的討論表明判斷淫祀的標準並非是否進入祀典，而是以祠廟本身的作爲是否合乎朝廷要求爲準。因此除了祀典所載的廟宇之外，還有許多祠廟應該被收入祀典當中。這些未被收入祀典的祠廟，雖然沒有朝廷所給予的頭銜與讚賞，但依然持續發揮在地方信仰的影響力。同樣的，朝廷所認定的「淫祀」也繼續存在於地方。朝廷對地方信仰的管理雖然未能完全觸及每位神明，但透過這些冊封活動已經表現出朝廷干預與管理的權力及其擴展。其他的民間諸神在朝廷的管制之下仍然持續的發揮影響。對民眾而言，神明被朝廷關注的情形表現於是否被冊封。因爲建立在神明靈驗的共同基礎上，祠廟若不被冊封也不影響信眾對神明靈驗的信仰態度。因此如果神明被朝廷冊封會帶給民眾神明被收編成官員的印象，這個印象會與未被冊封的神明印象相互混雜。韓森（Valerie Hansen）透過對《夷堅志》記載的研究，認爲南宋初期：

> 官僚等級制度已經如此深入到人們的意識當中，以致它們想像中的神祇也很在意自己的官爵名號，而且他們的神威受到官爵名號的影響。不僅僅神祇和他們的信徒這麼認爲，許多決定對神祇賜封的官員們也持有這種看法。〔註20〕

〔註19〕〔清〕徐松輯，《宋會要輯稿》，〈禮二十一之六十三〉，收入《續修四庫全書》史部政書類（上海：上海古籍出版社，1995），頁 32。韓森認爲「1070年代，向神祇的賜封突然增多，到 12 世紀初期即宋徽宗在位年間，封賜猛增，此後在整個 12 世紀，封賜活動一直持續。」見氏著《變遷之神：南宋時期的民間信仰》，頁 77。又《宋史·吉禮八》「故凡祠廟賜額、封號，多在熙寧、元祐、崇寧、宣和之時。」約西元 1068～1125 年之間。

〔註20〕韓森（Valerie Hansen），《變遷之神：南宋時期的民間信仰》，頁 91。

事實上朝廷所給的封號只是承認其靈驗程度。所以官僚等級制度其實是靈驗程度的象徵，而非真正的官職。從民眾的角度來看，無論如何，神明靈驗與否總是關注的重點。官僚等級制度的出現給予擴展神威的機會。在靈驗卻沒被冊封的情況下，自然會爭取被冊封的可能。因此神明的官員身份與靈驗程度這兩者產生連結，造成觀念的混雜。簡單的說，靈驗永遠是神明最重要的身份證明，而被賜封頭銜只是靈驗的附加價值。但靈驗事蹟與神明頭銜總是一起向外傳遞，而頭銜就成為民眾選擇靈驗神明的最佳辨別方式。故神明成為官員的觀念因此產生，進入到人間所想像的天庭當中，形成天庭官制的想像。

楊慶堃認為國家對於神明世界的掌控根據，主要來自於繼承天命的權威。天子作為承接天命並身為天在人間的代言人，其權力能管轄位格低於天的所有神明，因此能對神明世界做出等級上的安排。其目的在於透過對信仰的控制，達到君權來源的肯定，以及社會秩序的穩定。韓明士則認為宋代加封神明是以封建的心態去加以獎勵。雖然給予名稱等級上的變化，但與實際任命官員的的心態不同。綜合觀之，兩位學者的論點皆表示從朝廷治理地方的角度出發，對於地方信仰的控制與認定是治理地方的有效方式。因此神明的等級與稱號就成為操作的工具，如此一來，理想的型態是將神明世界調整成人間世界的翻版，並由人間的帝王控制。從宋代的實際例子來看，朝廷所表現的是冊封的權力，也就是有權力確定哪些神明能獲得國家認可，哪些則被視為淫祀而必須除去。在此所展現的是干預的權力，而非建立眾神位格等級的制度。朝廷的冊封主要是彰顯神明的靈驗與神力的強弱，以及道德教化的效果。這些表現在封號的稱呼與字數上。神明位格的高低反而不重要。對於信眾而言，封號的差異所表現出來的等級容易成為神明為天庭官員的證據。但由於朝廷大肆對地方神明冊封的緣故，擁有共同頭銜──公、侯、王等的神明眾多。加上信仰的地區性差異，眾神之間彼此難以形成等級差異明顯的體系，只能在頭銜的歸納上形成封號有異的差別。

以上從朝廷透過冊封來管理地方祠廟的角度來看神明如官員的觀念如何形成並影響民眾的看法。就玉皇三公主而言，其封號「無極天大統帥」除了表明其職能外，也說明了其官階的高低。〔註21〕雖未得知其他公主神的封號，

〔註21〕吳聖川先生表示，三公主以前的封號是無極天統帥，後來升官改為無極天大統帥。（錄音檔20090407訪問吳聖川先生001）

但從請神咒裡的職能描述可知其身爲天庭官員之一。即使沒有受到世俗朝廷的冊封肯定，三公主及其他公主神們藉由身爲天庭官員來穩定人間的秩序，也給予信徒祈願的動力。此外對信眾而言，在同爲天庭官員的想像裡，諸神之間就有相互交流的基礎，成爲天庭眾神一員。眾神的官員頭銜最重要的影響不是其職等多高，而是神明本身的影響力與職能特質的描述。作爲一種比喻，神明的官員頭銜讓從人而神的神明們獲得行使職能的另種解釋，也讓像三公主這類的「先天神」或家屬神進入一虛擬的體系，展現神力爲民眾服務。

（二）區域與視角的差異

在武雅士（Arthur P. Wolf）著名的論文〈神·鬼與祖先〉中，[註22] 透過在三峽地區的田野調查，針對當地居民對神、鬼與祖先的看法提出下列的歸納：

> 因此我們在三峽地區發現的超自然世界觀念，其實是一個小村莊眼中的傳統中國社會景象的精確反映。在這景象中首先出現的是官吏，代表帝國和皇帝；其次是家庭和宗教；第三是比較異質性的陌生人，外地人，強盜和乞丐。官吏變成神；宗教中的長老變成祖先；陌生人變成爲具有危險性，被鄙視的鬼。[註23]

就地方的崇拜模式來看，神明掌管村落中的超自然領域，如同人間官員的責任與職掌。就功能而言是如此，但從人——神之間的相處關係與神明權威來源的角度出發，神明如官員的說法就有問題。韓明士對此提出官僚模式與個人模式來解釋神人關係的兩種對待方式：

官僚模式：

1. 神祇皆爲官員。

2. 神祇等級是多層的。

3. 除了最高級的神祇之外，所有神明的權威均來自外部，由一位比它高級的神祇授權。

4. 世人與神祇權威打交道是間接的。

5. 神祇與特定地點、居民之間的聯繫原則上是暫時的，是任命所

〔註22〕〔美〕武雅士（Arthur P. Wolf）著，張珣譯，〈神·鬼與祖先〉《思與言》第 35 卷第 3 期（台北：思與言雜誌社，1997），頁 233～292。

〔註23〕〔美〕武雅士（Arthur P. Wolf）著，張珣譯，〈神·鬼與祖先〉《思與言》第 35 卷第 3 期（台北：思與言雜誌社，1997），頁 281。

致，而不是神祇本身形成的或它們自身選擇的結果。

個人模式：

    1. 神祇是「異人」

    2. 神祇、神——人之間的等級往往是一對一的。

    3. 神祇的權威或特殊力量是其固有的。而不受外在權威的委託。

    4. 世人與神祇交往無須仲介，是直接的。

    5. 神祇與地方、居民的關係或是內在的。或是出於神靈自身的選擇，都是長久的。〔註24〕

　　韓明士以宋、元時期江西撫州華蓋山的三仙信仰與道教的天心派爲對象，研究中國的神祇是否身爲天界官員治理信奉祂的信眾？〔註25〕還是以個人的身份提供信眾保護與指引？以官僚模式稱呼前者，個人模式爲後者。在研究中他發現道教的天心派道士多半使用官僚模式對待諸神與信眾。特別在宗教服務的市場當中，道士身爲一位專業的宗教服務人員以官僚溝通的術語來與各級神明聯繫，完成委託者交付的任務。但在道士與他們的老師在繼承權威與法力時，則屬於個人模式。〔註26〕至於三仙信仰裡的一般信眾，則以個人模式去對待所信仰的神祇。

　　官僚模式與個人模式的混合，在對地方祈福所舉行的醮儀裡清晰可見。地方廟宇所舉辦的醮儀源於個人模式中神明對地方居民關係的紮根，由主神決定何時舉行醮儀。醮儀的舉行卻是由道士主持。醮壇內神明的擺置以道教位階最高的三清居於最高的中央位置，而地方主神位居在旁，成爲三清的下屬。使得醮儀呈現出「地方神祇頂多是將人們的祈求上報天界上司，二者的關係就像世上最高官員與最低官員一樣，還需要道士做爲仲介，後者同樣也

〔註24〕韓明士（Robert Hymes），《道與庶道：宋代以來的道教、民間信仰與神靈模式》，頁5～6。

〔註25〕三仙爲王眞人、郭眞人與其師浮丘公。傳說王郭二眞人旅行至華蓋山修行，修行期間屢現神蹟救人祈雨。得道升天後信徒建壇信奉，並共同信奉二人之師浮丘公，遂成三仙。在其他的傳說中，浮丘公與王郭二眞人於華蓋山相遇。二人拜浮丘公爲師，而三人共同得道升天。華蓋山爲三仙信仰裡的核心地區，三仙的事蹟都以此山爲中心。道教天心派的傳說裡，其創派法師饒洞天於華蓋山發現刻有《天心正法》的金板，饒洞天依此傳授新的法術而形成天心派。韓明士就以衍生自華蓋山的三仙信仰與天心派爲題，論述宋代民間信仰與道教的神靈模式。

〔註26〕韓明士（Robert Hymes），《道與庶道：宋代以來的道教、民間信仰與神靈模式》，頁217～225。

是天界官員。」〔註27〕韓明士最後的結論是神明既是個人也是官僚。身份的轉變與取決來自於神明的身份與特徵、信眾的身分與請求的情境，讓官僚模式與個人模式混雜的出現在人──神關係當中，也影響到對神明身份看法的混淆。因此，從全國性的視角去探究神明是官員還是個人，難以得到單一的答案，因為各地各人的看法相異。即使朝廷屢屢對於靈驗有功的神明給予冊封，讓神明冠上官僚的色彩，人神之間的關係仍然不能用官僚或個人模式的二分法去斷定與實行。

王斯福（Stephan Feuchtwang）在《帝國的隱喻》中提到：「即使在帝國統治的世紀，在地域性的崇拜中所展示的宇宙觀，也不是那種政府的與中央集權的行政，而是一種對鬼的命令和控制的多元中心組織。」〔註28〕他認為地方性廟宇的權威來自於對鬼怪的擊退，背後的宇宙觀來自於天界、人間、冥界三界的分立，以及天界與冥界的神明皆有力量阻止並消滅鬼怪的侵襲。村裏五營兵馬的建制以及地方主神週期性的繞境、鎮符儀式，〔註29〕強調了神明的軍事力量：

> 即宇宙觀上的軍事化觀念，在民間宗教中有突出的表現。進而言之，
> 這不過是一種有關權力，即是有關治療以及癒合的效力看法。……
> 規範是通過命令，並且是通過一種等級性的力量來壓服有著同樣力
> 量的魔（以及鬼）的力量。使官方地位等級邊界得以彰顯的"仲介"，
> 才是這種命令等級的核心特徵。〔註30〕

王斯福的看法，就是以力量的大小來表示等級差異。表現在名號上，擁有較高官職頭銜的神明代表其神力較高。所以用官方等級的頭銜去表示命令等級的方式，實際上所根據的是神力的大小而非外在的頭銜。這不是說神明一旦被晉升到某個位階時就能獲得以往所不及的神力，而是依照神明原有神力的多寡，再給予相對應的官職名號。等級的基礎來自神力高低，而非頭銜。這樣的描述適合單一區域信仰內的眾神，以及某些全國性廣為人知的神明（例如天后媽祖），還有管理陰間的神明。以單一區域信仰的神明來看，一廟中的主神與陪祀神之間符合以力量作為區分標準的等級體系。其次，單一

〔註27〕 同上註，頁228。
〔註28〕 （英）王斯福（Stephan Feuchtwang）著，趙旭東譯，《帝國的隱喻：中國民間宗教》（江蘇：江蘇人民出版社，2008），頁2。
〔註29〕 鎮符為每年一度的主神繞境時到村裏五營更換新的竹符儀式。
〔註30〕 王斯福（Stephan Feuchtwang），《帝國的隱喻》，頁66。

村裏內往往有幾間宮廟存在。但是作為全村人信仰中心的公廟只有一間，其餘的成為角頭廟。角頭廟掌管所在地附近的領域，而公廟掌管全村。公廟主神的權力與管轄範圍在此村裏中最大，其他角頭廟的主神都要居於次。這些角頭廟裡的主神在此雖然居於次位，但有可能在其他的地方以公廟主神的姿態存在。如王斯福所言：

> 有的保護者相對其他保護者而言，可能就屬於較大區域的保護者，結果，前者包容了後者，但其命令的相對性大小被看成是保護性力量的相對強弱，而非將它們看成由此而相互關聯起來的行政等級中的兩個層次。〔註31〕

韓明士認為王斯福以軍隊的命令等級去描述地方性廟宇的神明等級，實際上是軍事化的官僚模式。〔註32〕然而這種命令等級實際上融合了官僚模式與個人模式。首先從神明之間的等級區分來看，如同以上的討論是依靠神力大小做區分，故類似軍隊的命令體系。其次這些神明與信眾之間的關係屬於個人模式。信眾可以直接向主神祈願，或是向其他專職的陪祀神祈願，無須透過仲介。信眾與神明的關係能長久維持，從內在的角度與神明來往，故每個信眾都能說出自己對神明的看法。神明的權威來自於自身的神力與職能：前者促使眾神之間排出次序，後者則使自己獲得信眾祈求的某種特定願望。最後眾神們皆服從於最高的權威——玉皇大帝，也就是皆受上天的管轄。因此在區域的範圍當中，眾神等級的排列來自於此神在此地所展現的神力與靈驗，還有居民的選擇。同樣的神明在不同區域內的等級不同，但都以玉皇大帝為最終至尊。

綜合以上所述，我們可以將神明的等級分為名號等級與力量等級。從不同的觀察角度出發，這兩種等級也隨之變化。當名號由朝廷所賜與，名號等級成為力量等級的來源，如同被任命的官員擁有其職等的權力。因此在全國性的將各地眾神所廣納其中進行比較時，朝廷的封號給予神明世俗最高權威的肯定，在名號等級的比較當中就能分出高下，也因此有了神明如官員的印象。從信眾的角度出發，神明靈驗的程度是其力量的展現。在以靈驗性為判別標準的情況下，力量越高者等級越高，成為主宰一地之神。但因影響的範

〔註31〕同上註，頁111。

〔註32〕韓明士（Robert Hymes），《道與庶道：宋代以來的道教、民間信仰與神靈模式》，頁295註2。

圍有一定的區域性，因此只能做較小範圍的比較。

　　為了敘述的方便與避免混雜，以上的名號與力量等級區分的標準性質可各自再分為二類：天庭的名號與人間的名號；天庭的權威與人間的權威。這四種分類在實際的信仰活動中彼此混雜使用，相互援引。對信徒而言，靈驗與否是最重要的選擇標準。以上述所引宋代冊封神明的根據即可見靈驗的重要性。無論如何，神明的靈驗為信仰的基礎，也是權威的表示。此時為天庭權威的表現，並與其天庭的名號相符。之後當靈驗事蹟被上報朝廷而冊封，則加入了人間的名號。人間的權威為其靈驗與神力的肯定背書，增強其神力影響的範圍。因此神明如同晉升而獲權的官員。名號與權威的重疊回來影響神明在天庭的位階與力量，使名號與力量等級再度產生改變。名號與力量兩者相互影響，但力量先行，造成靈驗事蹟；名號後行，成為向外傳播神威的載體。是名號包覆著力量，而力量推動著名號。當分析神明名號與神威靈驗之間的關係時，以上兩種名號與權威的性質必須仔細區分並且分析彼此影響的順序與程度。對於信眾而言，名號與權威的來源和影響之關係裡，最重要的是神明能否達成信眾的祈願。況且質疑神明的權威與名號，是相當不敬的行為，有可能遭受神明的懲罰。再加上信仰的區域發展、沒有普遍性的教義與制度、信眾自己的選擇等等，對神明的名號與神力等級的解釋產生了多樣化的內容。

　　經過以上的諸多討論之後，來看諸位玉皇公主們名號與職能之間的關係。從職能來看，根據咒簿的記載可知其多擔任天庭的行政與軍事高位，如同天上政府裡的官員，影響的層面極廣。故其名為玉皇公主，以統領眾神的玉皇大帝之女掌管天庭要務。玉皇公主們能擁有屬於男性神明的職掌，是以公主的身份來破除女性不得為官的限制。這透露天庭官制與人間官制不同之處，添加神明如官員的想像空間。

　　當信仰向外傳播時，玉皇公主的名號能為其神威帶來保證，促使其他民眾前去參拜進香。在媽祖的身上，我們明顯看到地方神明接受冊封後其位格不斷上升，終到天后。那麼玉皇公主假若接受朝廷冊封，其位階有可能如同媽祖一般再度晉升嗎？首先神明本身最初的身份位格有別：媽祖最初為閩南地區的女神，由人修行轉變為神；玉皇公主先天就是神，無後天修行所導致的身份轉變。媽祖從人而神經過一次身份的提昇，成神後從閩南地區的地方神逐漸晉升到目前的天后地位。這兩階段的身份改變均揭示一個從低位到高

位的歷程，以自身修行與神威展現的事蹟獲得晉升的可能。這種人而神的後天神明要提昇位格多半需經歷相同的過程。玉皇公主這類的先天神若要再向上晉升，並不適用后妃等頭銜，因為公主不同后妃，是屬於皇帝直系血親裡的一員。〔註33〕能改變頭銜之處，只有表明職能的無極天大統帥一詞；或是在玉皇公主前增加表示神威的形容詞，如同宋代予神封號的情形一樣。所以玉皇三公主乃是倚靠天庭名號與天庭權威來展現神力，以此滿足信眾的祈願。同時也因名號的關係，造成神明如官員的想像。

　　無論神明的名號有多麼的顯赫，信眾要求的還是靈驗。一旦神明失去靈驗，則信眾與香火銳減。只有靈驗的神明才會持續獲得源源不斷的香火奉祀。此時不論名號為何，甚至「神明」本身是神還是鬼，名號與神鬼的位階差異都不再重要。如此看來，名號與權威的來源不及行動所引發的效應，在講求實際功效的民間信仰當中，成為明顯的特徵。

二、三公主與九天玄女、臨水夫人的比較

　　除了玉皇三公主之外，民間信仰裡擁有武身形象的女神，最著名者為九天玄女和臨水夫人陳靖姑。這兩位女神除了武身所表現出斬妖除魔的職能形象外，還擁有煉丹、術數、助產護幼等職能。神明的形象源於傳說事蹟，兩位女神的武身形象源於強調傳說事蹟裡的職能特質，透過外在形象的塑造使其特質突出，也宣揚了神力與傳說。從九天玄女與臨水夫人的例子裡可見傳說如何影響信徒對其形象的解讀與確立。

　　武身作為兩位女神眾多形象之一，並不限定神明的職能，反而呈現多元的一面。透過九天玄女傳授黃帝兵法、陳靖姑斬蛇妖除魔而化顯的武身形象，以不同於一般的文身塑像向信眾展現神明威能，是一種神力的「強烈」象徵，與其他的職能相和，拓展出神明無所不能、能文能武的廣大神力。此可對應於玉皇三公主雖是武將出身，但受理信徒各種祈願。手持寶劍與刺球、身背令旗的武身塑像不但說明了身為「無極天大統帥」的身份，也給予信眾神力威猛無邊的保證。

（一）九天玄女

九天玄女又稱玄女、九天娘娘、九天女、連理媽等等，是上古神話所流傳

〔註33〕就民間的普遍認知，公主為皇帝的女兒。講美當地民眾認為玉皇公主是玉皇大帝的女兒，並無如內湖碧霞宮所認知玉皇三公主是玉皇大帝義女的說法。

至今的女神。在日治時期被認爲是女媧娘娘的化身、或稱仙娘以勸善懲惡之神；〔註34〕另被認爲是線香業的祖師爺，例祭日是農曆一月二十四日。〔註35〕

　　作爲民間信仰與道教經典中重要的兵法女神，其身份經歷多重演變，並擁有不同職能。從傳授黃帝兵法以擊敗蚩尤的女神，到後來成爲傳授丹道、房中術的重要使者，並在《水滸傳》、《平妖傳》、《女仙外史》等小說中登場。〔註36〕其名號也從一開始的玄女轉變爲九天玄女，標誌著形象的轉變以及更爲高深的神性權威。〔註37〕

　　李豐楙認爲玄女之所以成爲「九天玄女」，源於道教的改造。玄女傳術予黃帝的傳說被當作道教新神仙法術譜系的源頭，因此在玄女之前冠上道教空間天觀「九天」之稱，以象徵此上古女神地位崇高之意。〔註38〕同樣的，葉舒憲認爲道教將「九天」封予玄女，除了突顯道教九天空間觀中，最高第九天的崇高性，也「強調了玄女的天神身份，同時賦予他廣被人間天上，法力無邊的宗教意義。」〔註39〕對比於玉皇三公主所處的「無極天」，二者皆透過將神明置於神仙境界空間觀的最高處，來表明神明位階的崇高與神力無邊的意義。〔註40〕

　　九天玄女的兵法神職能造成日後武身形象的產生，這個武身形象的意義與三公主的武身意義的同異處爲何？擁有武神形象的三公主面對社會環境變遷所引發的各種祈願，其武神形象又會如何轉化？

〔註34〕江燦騰主編，增田福太郎（1903～1982）原著、黃有興譯，《台灣宗教信仰》（台北：東大，2008），頁174～175。

〔註35〕林進源主編，《台灣民間信仰神明大圖鑑》（台北：進源書局，2005），頁194～195。吳瀛濤，《台灣民俗》（台北：眾文，1980），頁73。

〔註36〕見劉怡君，〈九天玄女信仰的源流與發展〉，《保生文化祭：道教神祇學術研討會論文集》（台北：臺北保安宮，2009），頁49～62。《水滸傳》第四十二回〈還道村受三卷天書，宋公明遇九天玄女〉中九天玄女傳授宋江三卷天書，要他順應天命，除暴安良。《平妖傳》第一回〈授劍術處女下山，盜法書袁公歸洞〉，九天玄女化身爲南林處女，經由范蠡的引見到越國去訓練軍隊。《女仙外史》第二回〈蒲台縣嫦娥降世，林宦家后羿投胎〉則說九天玄女有祈子得子的職能。

〔註37〕劉怡君，〈九天玄女信仰的源流與發展〉，《保生文化祭：道教神祇學術研討會論文集》（台北：臺北保安宮，2009），頁49～54。

〔註38〕李豐楙，〈從玄女到九天玄女：一位上古女仙的本相與變相〉，《興大中文學報》第27期（增刊）（台中：中興大學中文系，2010），頁40～41。

〔註39〕葉舒憲，田大憲，《中國古代神秘數字》（北京：社會科學文獻出版社，1996），頁225。

〔註40〕至於無極天的觀念如何演變而來，還需要更深入的探討研究。

最早以「玄女」之名出現於文獻者，爲東漢緯書《龍魚河圖》：

> 黃帝攝政前，有蚩尤兄弟八十一人，并獸身人語，銅頭鐵額，食沙
> 石子，造立兵仗刀戟大弩，威振天下。……黃帝仁義，不能禁止蚩
> 尤，遂不敵，乃仰天而嘆。天遣玄女下，授黃帝兵信神符，制伏蚩
> 尤，以制八方。〔註41〕

此後於六朝時期成書的〈黃帝問玄女兵法〉亦有類似記載：

> 黃帝與蚩尤九戰九不勝，黃帝歸於太山。三日三夜，天霧冥。有一
> 婦人，人首鳥形，黃帝稽首再拜，伏不敢起。婦人曰：「吾玄女也，
> 子欲何問？」黃帝曰：「小子欲萬戰萬勝，萬隱萬匿，首當從何起？」
> 遂得戰法焉。〔註42〕

李豐楙從政治神話的角度出發，認爲這類緯書的記載以玄女作爲傳遞天命的使者，傳遞天命——兵信神符或戰法給黃帝，使黃帝承受天命以征討蚩尤。作爲一種天命神話，玄女增加九天之名強調其爲天命傳遞者的權威，透過傳授兵法兵符的方式，暗指受法符者乃天命之依歸，故師出有名能撥亂反正、匡正世間。如此能提供政權神授的根據，承續自黃帝以來天下共主的正統地位。在這類的傳說中，九天玄女以傳遞者的角色出現，不直接干預人間。透過傳授兵法信符，形成「導師」的角色。〔註43〕

透過「本相與變相」的說法，來解釋九天玄女形象演變的過程與發展。九天玄女的本相爲「代天而傳天命者」，成爲「導師」的象徵。之後九天玄女則以「傳授者」的角色傳授丹道、房中術等神秘知識，衍生其他的職能變相。因此九天玄女成爲「傳法」的箭垛式人物，使命在於「傳授天書符訣，以其救劫濟世。」〔註44〕

九天玄女作爲兵法神，其本相在於救劫濟世。至於身穿金甲，手持寶劍武器的武神形象：

> 基本上仍是根本於兵法、戰法的護國法相，但顯然已經護持的方向
> 轉向人間。這種『身穿金甲，首執戈矛』的武神形相，正式形象化

〔註41〕 安居香山，中村璋八輯，《緯書集成》下冊（河北：河北人民出版社，1994），頁1149
〔註42〕 〔宋〕李昉等編，《太平御覽》（台北：台灣商務印書館，1968），卷15。
〔註43〕 李豐楙，〈從玄女到九天玄女：一位上古女仙的本相與變相〉，《興大中文學報》第27期（增刊）（台中：中興大學中文系，2010），頁23～30。
〔註44〕 同上註，頁23。

> 了歷代的顯聖護境、護國的基本精神，所變的只是傳授符命天書、
> 秘訣傳法，轉而特意突顯其『臨凡濟度救良民』的護國之任……可
> 知九天玄女娘娘俗眾的信仰中，其新使命已非代天傳送符命、秘寶
> 的救劫之法，而是轉向針對人間所存在的現實問題。〔註45〕

這個武神的變相，根植於救劫濟世的本相，而將九天玄女的兵法職能突顯出
來，把神秘的天命依歸轉化爲斬殺妖魔的現實形象，並以「先天神」的出身
昭示其神力的高深。若從杜贊奇「刻劃標誌」的角度出發，九天玄女的武神
形象成爲能對世間撥亂反正的象徵，乃源於現實社會的需求。

　　九天玄女的武神形象根植於深厚的歷史基礎而轉化產生，其內在的本相
爲救劫濟世。以「本相和變相」的視角，本相爲天上兵馬元帥的玉皇三公主，
進入人間後的武身形象則轉化爲護境庇佑的神力象徵，成爲變相的基礎。而
在信眾的祈求中玉皇三公主會逐漸增加其他的形象，將軍武元帥的神力導引
至其他用途，刻劃出屬於不同社會群體的三公主標誌。玉皇三公主信仰不及
九天玄女信仰深厚的歷史基礎與影響範圍，故兩者之間難以直接比較。然而
從「護境」觀點見三公主武身所具的意涵，則受到九天玄女武神護法形象的
影響。從小村落的庇佑護境到國家世間的撥亂反正，玉皇三公主與九天玄女
兩者的武神形象，皆透過直接領受上天軍事武力的象徵傳達相同目的。不同
的是九天玄女的「先天神」身份乃從傳授神秘天命與術數的「導師」角色轉
化爲實際的武身，直接面對信眾的祈求。三公主的「先天神」身份則說明神
力的來源，無政治神話的隱喻。

（二）臨水夫人

　　臨水夫人陳靖姑，又稱順懿夫人、大奶夫人、順天聖母等。傳說生於唐
大歷二年（767年），卒於貞元六年（790年），爲福建古田縣人。其職能爲助
產救產、祈雨、斬妖除魔等，但最主要者爲婦人生產之神。〔註46〕臨水夫人
的信仰自古田縣發跡，目前最早的相關紀錄是元人張以寧所著〈順懿廟記〉，
內載記當時修建順懿廟的經過。〔註47〕此後臨水夫人的事蹟、生平不斷被地

〔註45〕同上註，頁52～53。

〔註46〕增田福太郎（1903～1982）原著、黃有興譯，《台灣宗教信仰》（台北：東
大，2008），頁173～174。林進源主編，《台灣民間信仰神明大圖鑑》（台
北：進源書局，2005），頁298～299。

〔註47〕張以寧（1301～1370），福建古田人。〈順懿廟記〉：「古田東去邑三十里，
并爲臨水夫人請封，廟曰順懿。其神姓神氏，肇基于唐，賜敕額于宋，封順懿

方志、戲曲小說等記載生衍，形成完整的傳說內容與神明形象。明代陳靖姑傳說分為五個體系，一為《八閩通志》、《古田縣志》、《建寧志》、《閩都記》、《閩書》、二為《羅川志》、三為《晉安逸志》、四為《三教源流搜神大全》、五為道藏版《搜神記》。〔註48〕此五個體系皆影響清代的陳靖姑傳說，其中《八閩通志》體系流傳最廣，影響台灣對陳靖姑傳說的認知。

　　以下將以《八閩通志》體系為主，列舉相關方志記載介紹陳靖姑的職能形象，並以此與玉皇三公主相比較。

　　《八閩通志》，〈祠廟〉：

> 順懿廟，在縣口臨水。神陳姓，父名昌，母葛氏。生於唐大曆二年
> （767年）。嫁劉杞，索白蛇斬之。鄉人詰其姓名，曰：我江南下渡
> 陳昌女也。忽不見，巫往下渡詢之，乃知其為神，遂立廟於洞上，
> 凡禱雨暘，驅疫癘，求嗣續，莫不響應。宋淳祐間封崇福昭、惠、
> 慈濟夫人，賜額順懿。〔註49〕

《八閩通志》為最早提及陳靖姑事蹟的地方志，說明陳靖姑的家世、婚嫁和斬蛇、祈雨、驅疫、求嗣等事蹟，以及被朝廷冊封的情形。這些情節在之後的地方志與小說中被加以擴展，增加更多細節於內。如《古田縣志》所載：

> 臨水神，姓陳，家世巫覡，祖玉、父昌、母葛氏，生於唐大曆二年，
> 神異通幻，嫁劉杞，孕數月，會大旱，脫胎，往祈雨，果如注，因
> 秘泄，遂以產終，訣之：吾死後不救世人難產不神也。卒年二十有
> 四，身後靈跡顯著。臨水有白蛇洞，吐氣為癘疫，一日有朱衣人執
> 劍索蛇斬之，鄉人詰其姓，名曰：我江南下渡陳昌女也。忽不見，
> 巫往下渡詢之，乃知其為神，遂立廟祀焉。建寧陳清叟子婦，懷孕
> 十七月不產，夢神為之療治，即產蛇，孕婦獲安。諸凡禱雨暘、驅
> 疫癘，求嗣續，莫不響應。宋淳祐間，封崇福慈濟夫人，賜額順懿，

夫人。英靈著于八閩，施及于朔南。事始末具宋知縣洪天錫所樹碑。……遂斥
金楮，鳩工徙新，作香亭外內者二六，神祠、生成宮各一。重修儀門、前殿、
後寢、梳妝之樓，下馬飲福之亭，像設繪飾丹漆，楞塈之工，咸極精緻。前甃
石垣，以翼龍首。後浚水渠，以殺潦勢。又闢生祠，以報承務。……」見清、
張竟可、林咸吉等纂，乾隆十六年刊本《古田縣志》，卷五〈壇廟〉，頁135。
中國方志叢書第一百號《古田縣志》全八卷，（台北：成文出版社，1967）

〔註48〕 王雅儀，「臨水夫人信仰與故事研究」（台南：成功大學中國文學研究所碩
士論文，2003），頁62～63。

〔註49〕 〔明〕黃仲昭修纂，《八閩通志》卷五十八，〈祠廟〉（福州：福建人民出
版社，1991），頁373～374。

學士張以寧有記，見藝文志，廟舊有田以供祀典。〔註50〕

《古田縣志》除了交待陳靖姑家世外，還添加「家世巫覡」的背景，使陳靖姑的神通有所根據。其次增加祈雨、斬蛇，與救產的細節，確立了後來陳靖姑傳說裡重要的情節內容。王雅儀認爲：

> 《古田縣志》記載了陳靖姑傳說中最爲人所熟知的祈雨、收妖、救產三部分，使得陳靖姑傳說首次呈現了一個完整的雛型，爲後來陳靖姑傳說演變的一個重要基礎，在整個發展演變的過程中，《古田縣志》可謂爲一個承上起下的重要關鍵。〔註51〕

這個斬蛇以除癘疫的情節，成爲陳靖姑擁有手握寶劍的武身形象的關鍵。在其他體系的陳靖姑傳說中皆有此情節，並加以推演增飾。如《晉安逸志》所收錄的《榕陰新檢》，卷六，〈方技〉：

> 永福有白蛇爲魅，數爲郡縣害，或隱形王宮中，幻爲閩王后以惑王。王及左右不能別也。王患之，召靖姑使驅蛇。靖姑率弟子爲丹書符，夜圍王宮，斬蛇爲三，蛇化三女子，潰圍飛出，靖姑因驅五雷，追數百里，得其尾於永福，得其首於閩清，各厭殺之。其頭奔入古田臨水井中，於是靖姑乘勝從他道馳入古田，圍井三匝，蛇乃就女人服，繫頸自縛，箭貫耳，抱馬足，請降。……閩王曰：蛇魅行妖術，逆天理，隱淪後宮，誑惑百姓，斧鉞所不能傷，虎落所不避。今靖姑親率神兵斬獲首級，服其餘孽，以安元元，功莫大焉。〔註52〕

《榕陰新檢》將陳靖姑斬蛇的過程詳細寫出，使其情節精彩。

《繪圖三教源流搜神大全》中提到陳靖姑之兄長至古田臨水村除蛇妖，然不愼被蛇妖以毒氣所困。靖姑爲了救出兄長，前往閭山學法，後斬蛇三段，救出兄長：

> 進姑年方十七，哭念同氣一系，匐往閭山學法，洞王女即法師傳，度驅雷破廟罡法，打破蛇洞，取兄，斬妖爲三……〔註53〕

陳靖姑斬蛇除妖的情節，主要受到閩越地區地形氣候的影響。多蛇且潮濕瘴

〔註50〕 〔明〕《古田縣志》卷二十三，〈秩祀志〉

〔註51〕 王雅儀，「臨水夫人信仰與故事研究」（台南：成功大學中國文學研究所碩士論文，2003），頁46～47。

〔註52〕 收於明、徐𤊟，《榕陰新檢》全十六卷，收錄於四庫全書存目叢書，史部傳記類第111冊。（台南：莊嚴文化出版公司，1996），頁179～285。

〔註53〕 見明刻繪圖本，《繪圖三教源流搜神大全》，全七卷，（台北：聯經，1980），頁183～184。

瘴之地，使當地居民將瘴癘疫疾歸咎於蛇妖作祟，必須除之。另外也形成崇
蛇的文化，希望透過蛇神的庇佑，避免受瘴癘之害。〔註54〕這個去除瘴癘的
象徵，加上陳靖姑傳說中的救助產難、祈雨除旱等事蹟，使陳靖姑的職能形
象鮮明。在台灣的陳靖姑信仰裡，陳靖姑以保佑生育及孩童的保育女神形象
為主。此源於漳泉移民入台時需要足夠的人力，以維持農耕生產所需，甚至
把陳靖姑認為是註生娘娘加以奉祀。〔註55〕

　　同樣是文武兼備的臨水夫人陳靖姑，文身形象為助產佑兒、祈雨抗旱；
武身形象為斬除妖魔、去除瘴癘。這些形象源於各地方志與小說戲曲的記載
增衍，透過這些媒體的描寫使陳靖姑的生平事蹟豐富飽滿。因此武身的形象
來自於傳說情節，並強調其中斬妖除魔的事蹟而雕塑出手持寶劍的臨水夫人
塑像。然而供奉陳靖姑的廟宇多以文身塑像為主，較少有手持武器的武身塑
像。〔註56〕從斬蛇妖傳說而出的武身形象，是居民欲消除瘴癘之害的祈願轉
化成陳靖姑手持寶劍、斬除蛇妖的武力展演，背後有流傳甚久的傳說故事為
根基。相較於三公主的武身形象，則源於降神時所述與請神咒的描寫，並非
透過一系列的傳說故事演化而來。武身作為神力的具體象徵，實際上傳達了
征服災難疫病的願望，希望透過一股強大的力量去擊敗這些作祟的妖魔。其
次再透過傳說情節的鋪排，使此神力以武身的面貌顯現。陳靖姑以斬蛇妖，
三公主以無極天大統帥的稱號與咒簿的記載，將兩者的神力職能引導至武身
形象的象徵。

　　在民間信仰裡專職神逐漸轉變為萬能神的這一趨勢裡，陳靖姑因本身傳
說之故自然兼有多種職能。再因信眾祈願內容的影響下，形成目前以助產佑
兒為主的形象。武身的形象過於強調斬除的力量，不及文身能兼容其他職能，
自然就較少出現於宮廟當中。三公主的武身神像則是信徒依降神指示所製作

〔註54〕羅小平，〈閩北與台灣的崇蛇文化〉：《台灣源流》第十五期，頁88～97。
　　　　林國平，《閩台民間信仰源流》（福州：福建人民，2005），頁39～49。林
　　　　國平認為漢人進入閩地後，當地原有的崇蛇文化成為漢人征服的對象，因此
　　　　才有李寄斬蛇、陳靖姑除蛇妖的故事。

〔註55〕林國平，彭文宇，《福建民間信仰》（福建：福建人民，1993），頁177。王
　　　　雅儀，「臨水夫人信仰與故事研究」（台南：成功大學中國文學研究所碩士
　　　　論文，2003），頁125～144。

〔註56〕王雅儀認為此情形可能因時代進步，信眾不將災禍歸咎於妖魔，導致陳靖姑
　　　　的形象轉往照護幼兒與生產為主的婦孺之神。王雅儀，「臨水夫人信仰與故
　　　　事研究」（台南：成功大學中國文學研究所碩士論文，2003），頁160～161。

供奉，強調本身天兵統帥的職能。但從信徒所提供的故事裡可看到三公主並無強烈的武將肅殺之氣，反而隨著祈願的內容給予不同的指示。讓武身成為身份的表徵，而非職能力量的限制。在神明萬能化的影響下，文身武身指明身份，卻不強限職能範圍，使信徒與神明之間擁有更多的交流空間。

三、小結：常識性的認知

　　本章討論了神明的位階觀念，來自於國家政府的冊封以及神明在當地所靈顯的封號。前者承認了神明的靈驗，透過給予封號的方式納入國家祀典當中，神明因此獲得名號的提昇以及人間權威的支持。後者因此得以宣揚神明的靈驗，促使擴大威信與管轄範圍。神明的力量權威因此得到人間與天庭的雙重背書，而名號也因受封而向外傳播。對信眾而言，這無非是神力與靈驗的保證。這位在當地處理超自然事務的神明因其職責帶有公眾性，加上朝廷的冊封就如同賞賜一位官員一樣，所以信眾自然而然的會把神明當作官員來看待。但這位神明官員受到天庭管轄，同時其轄區固定，不輕易調職變動。此外，由於眾神紛雜，每尊神明的名號所表現出來的位階大小不一，其各自擁有自己的轄區。所以不同區域的神明要相互比較位階大小只能以當地信眾的認知為準，主要的依據是該神在當地信仰的重要性，也就是靈驗貢獻的多寡與程度，名號和位階只能表示神明的形象。所以，神明為官員的觀念在無共同教義神譜、各自區域化又相互混雜影響的民間信仰中成為一個比喻的觀念，不易為所有的民間諸神建立一個等級明確的行政等級體系。這個觀念容易使用的原因在於本身的模糊性，以及解釋神明在人間對應位置的方便性。

　　人類學大師克利弗德‧紀爾茲（Clifford Geertz）給了「常識」以下五個屬性：自然性、實際性、淺白性、不規則性和可親近性。自然性是「常識呈現事物的方式……好像是完全按照事物在純粹自然情況下的本來面貌。……這些事物被描繪成這個情境所固有的、真實的本來面相、事物自在之理。」實際性則是對於某事的作用與看法的評價——評價其是否符合實際。這裡的實際標準不是物質或利益上的有用與否，而是如同自然性所要表達的，是對某事是否符合實際所下的評語。如紀爾茲所言：「常識的『實際性』是它賦予事物的屬性，而非事物賦予它的屬性。」標準不在事物，而在常識本身。只要認為是實際的，那麼它就是實際的。淺白性是常識對各種事物的看法或描述，是「將它們表達得好像不多不少確實就是它們本來的樣子。」不規則性

是對生活中各種紛雜的情境或事件所下的描述或評語。由於能對紛雜的生活提出各種解釋，這些解釋之間不需要有規則的連結。同樣的情景對於不同人而言有著不同的感受。因此常識能夠滿足各種人不同的認知，因為何時該用怎樣的評語根本沒有一個標準可言。可親近性是「任何一個身心機能沒有重大缺陷的人都能了解常識性的結論，而且一旦常識性的結論被陳述得相當明確時，人們不單能理解，還一定會予以熱烈支持。」〔註57〕

　　綜合以上關於常識的描述，表明透過常識的視角，人們可以快速的認識並熟悉他所身處的世界。他們可以依照自己的認知去判斷事情輕重緩急，認為這就是世界運行的道理。在常識的範圍裡，每個人都可以成為常識的專家。他有他認為的常識，並且與其他人的常識相互共通混用。所以常識不是一個嚴謹的知識體系，紀爾茲認為：

> 常識是一個文化體系，具有能夠從經驗中發現並形諸於概念的一種與生俱來的秩序，想要以羅列其內容的方式來達成這項目標是不可能的，因為其內涵是極端異質性的……想要經由描繪出常識通常採取的某種邏輯結構，一樣不能達成目標，因為它沒有所謂「常用的邏輯結構」。再者，透過彙總常識所經常推導出的實質結論……它也沒有什麼常見的結論。〔註58〕

　　從紀爾茲對常識特性的描述（他自述並非為常識下定義。）來看一般民眾對於神明如官員以及女神性別特質的認知，可以知道以上兩個觀念之所以外表明顯內容模糊，是因為它們是常識性的。從神明的名號、職能、管轄的範圍與靈驗的事蹟，看起來就像是個官員，何況這些神明都「領受玉旨（御旨）」，受玉皇大帝管理，還得到人間皇帝的冊封。還有神像執笏版、穿官服，表現出為官的特徵。這些民眾眼中所見到的形象造成神明如官員的認知。要細緻的區分每尊神明的位階高低是不容易的。只要大略知道哪尊神在此地擁有管轄權，能夠達成信眾祈望就夠了。在女神性別特質方面，對女性生殖的崇拜，觀音、媽祖等大神所表現出的女神形象，形成人們對女神的普遍認知，以致於對女神的共同看法不出主掌生育或是慈悲救難的形象。當面對一位尚未認識的女神時，透過名稱中有「娘娘」、「母」，「姑」這類女性稱呼，這種

〔註57〕〔美〕克利弗德‧紀爾茲（Clifford Geertz）著，楊德睿譯，《地方知識：詮釋人類學論文集》（台北：麥田，2007），頁122～130。
〔註58〕同上註，頁131～132。

女神該有的屬性常識就先入爲主的描繪出此女神模糊的外貌。而清楚詳細的細節則由神明的事蹟去呈現，成爲常識內容的一部分。

　　民眾認爲是如此，那就是如此，成爲常識。在民間信仰無統一的教義、經典與區域各自發展又互相影響的情形下，生活在其中的人們逐漸形成他們對神明形象和性別特質的認知，成爲常識的文化體系。這個體系並不嚴密與充滿邏輯，它只是被整合在一起，其中容許許多的例外與不同的解釋。民間信仰的推動者與支持者是廣大的信眾，他們促使民間信仰多樣化與充滿生命力的表現。這些結論最終會成爲常識裡不規則性的一部分，形成對神明形象與性別特質的另一種解釋。

第五章　結論：文武相和，異於傳統女神印象的玉皇三公主

　　要了解講美的玉皇三公主信仰，必然先從講美的地理人文開始。首先在第一章筆者介紹了近五十年來講美村的發展與過去。作為澎湖地區少有的打鐵打石村落，是其重要的產業特色，但也不敵時代的洪流而漸漸沒落。同樣在漁業發展上，也因先天地理環境不良無法發展漁業，只能依靠近海的潮間帶進行產業活動。然而危機即是轉機，講美、港子、歧頭三個村落環抱的廣大潮間帶給予講美不同的發展生機。到目前為止，講美仍然是澎湖重要的紫菜養殖區與槍蝦、章魚棲息地；夏季活躍的潮間帶活動也帶給村民休閒的去處。同樣因先天漁業環境不良，講美早期佔地利之便成為白沙鄉商業發展的重鎮。有基本生活物資需求的雜貨店外，皮鞋店、照相館、撞球間、澡堂等等店家的營業，不僅提昇生活水準，經商的收入也促成家長投資當地子弟更多的教育機會。只是離島的發展態勢難與台灣本島相比。許多人自小離家到台灣同鄉所開設的店家當學徒討生活，學成後回到家鄉開店，形成產業的流通與複製。這也是講美打鐵打石業得以傳承的原因之一。

　　講美的信仰也因早期當地的興盛發展呈現多元的現象。目前為止除了三座廟宇一間私壇之外，還各有一間天主教堂與基督教聚會所。這三座廟宇為公廟的龍德宮、兩座甲頭廟的靈應廟與保安宮。公廟龍德宮歷史悠久，祀奉主神為玉皇三公主，一直以來都是村民的信仰中心。其餘兩座甲頭廟皆從五營營頭轉變而來，分處村中東甲西甲。另外值得一提的是講美的五營採取小祠形式，結合當地的打石業雕塑出五營元帥的塑像，並加以彩繪，與其他地

方用竹符或石碑形式的五營不同。〔註1〕五營與定鎮東北季風的風鎮碑共同守護村落不受邪祟侵襲，至今在農曆七月廿一還有到五營頭祭拜各營元帥的活動。

這個位在澎湖的小村落，如同其他鄉村地區一樣，在村落的邊界有五營神兵駐守。五營兵將總聽命於中營元帥哪吒三太子的指揮，而三太子則隸屬當地公廟主神的麾下。龍德宮的歷史起初並不特殊。源於居民對居住環境平安的要求，因此最初的主神為土地公，後來改變為三太子。主神代換的原因可以解釋為居民定居意識的提昇，因此需要一位法力更高強、更能斬除邪祟的神明，三太子身為五營元帥的職能形象正符合居民的要求。從澎湖地區其他代換主神的例子裡可以知道，這些取代原神的神明其位階都比原神高，且原神位階多半較低，例如土地公、萬善爺等，在代換的次數上多為一次。玉皇三公主的進駐除了符合上述主神代換的原因外，也透露出替換舊主神三太子的意義。因為玉皇三公主並非透過降乩指示入廟，而是拯救落難的講美村民後才被供奉入廟。第二次的主神代換表示在集體的非常時刻之下，新神能因神力的展現取代舊神；村民也因非常時刻下的遭遇把支持轉向了新神。支持的轉向源於對更高階神明神力的渴望，透過危難事件具現內在的祈求。在當時經濟困頓的情況下，順理成章進入公廟接受奉祀，從而最後轉為主神。在代換的過程裡，原神因神格較低之故能繼續留在廟裡當作主神的副手，不因從主神位置退下後而遭遺棄。

從對公主神的介紹當中，可以相對看見從人而神的成神歷程。如同《禮記‧祭法》所言「夫聖王之制祭祀也：法施於民，則祀之，以死勤事，則祀之，以勞定國，則祀之，能禦大菑，則祀之，能捍大患，則祀之。」〔註2〕固倫淑慧公主與文成公主這些從人而神的公主神們，當地民眾感念公主所行事蹟，因此立祀祭之，並融合於當地原有的信仰，給公主神在信仰中的定位。成神的原因除了公主生前的事蹟外，身後的種種傳說同樣關鍵。傳說表現出公主仙逝後所展現出來的神力，在公主神融入當地信仰的詮釋下，就說明了神力的來源。如此一來，從人而神的轉變過程到此結束。神力的展現成為傳播信仰的重要推力，其根基於當地文化信仰對神明的詮釋。

〔註1〕 見附錄照片12：中營中壇元帥（攝於2010/08/29），頁129。
〔註2〕 〔漢〕鄭玄注，〔唐〕孔穎達正義，《禮記注疏》〈祭法〉（台北：新文豐，2001），頁2010～2011。

　　相對之下，先天為神的玉皇三公主與其他公主神們其形象來自於請神咒中的描述，以及進駐龍德宮後相關傳說的事蹟。與從人而神的神明不同，玉皇公主們作為「先天神」的身份，使祂們的形象多樣化。有三公主這位統領兵馬的無極天大元帥，也有六公主、七公主擔任天庭行政職位。不同於傳統強調女神生育、慈愛的母性特質，「先天神」的身份使玉皇公主神們在職能上有更多的發展空間。

　　提到目前生活中耳熟能詳、知曉其職能事蹟的女神，不外乎媽祖或觀音、註生娘娘等。除此之外，一些傳說或地區信仰裡的女神，例如夫人媽、土地婆，祂們都是我們生活周遭常見的女神，與信徒之間的關係是親切又親近的存在。這些女神都有一明顯的特質，就是慈愛與保育。女性的慈愛性格與生育所帶來的母愛特徵，使這些女神受到信徒的信奉和支持。如同歷來學者所提及，無論是世界各地的女神神話或是台灣、大陸地區的女神傳說，幾乎都離不開生育與慈悲的特質。另一方面，例如印度女神杜爾迦（Durga，難近母），手持武器全身沾滿與惡魔戰爭的鮮血，以拯救世界；北歐神話裡的女武神Valkyie，將戰場上的死者帶入神殿當中。這些形象不同的女神，所呈現的軍事武勇的職能，或是毀滅創世的力量。與專屬生育哺養的女神不同，祂們更多表現出力量的毀滅，和前述的女神形成強烈對比。〔註3〕

　　神明的形象必須放在其信仰文化的脈絡中解釋，因此難近母與女武神Valkyie 皆有其文化背景下所擁有的破壞與軍武性格。回到我們的民間信仰當中，這些個性強烈的女神實佔少數，且影響力不及其他女神。原因在於文化層面上對女神的要求與塑造，造成民間信仰裡的女神特質與同化作用。

　　透過同樣擁有武身形象的女神：臨水夫人陳靖姑與九天玄女的比較，發現到神明的形象源於傳說的事蹟。其中神明所表現出的特質被特立成職能之一，因此在塑像上的武身形象成為神明的特色與職能展示。然而這些都屬於象徵式的表達，實際的力量展現仍需回到傳說事蹟中去探尋。以往的神力展現成為追尋職能根據的傳說。那麼未來所發生的靈驗事蹟同樣有可能成為新職能的根據。在現今神明萬能化的演變情勢下，有可能產生如此演變。

〔註3〕 死亡、破壞是女性的負面基本特徵，以恐怖女神或戰爭女神的象徵表現出來。此負面特徵是正面特徵：生育、撫養的反面，是生命誕生前的死亡深淵，或是透過破壞殺戮獲得重新創世力量的表現。見〔德〕埃利希‧諾伊曼（Erich Neumann）著，李以洪譯，《大母神——原型分析》（北京：東方出版社，1998），頁 148～212。

　　玉皇公主因血統而擁有神力，但要爲民衆所奉，就必須顯現神蹟。神蹟的內容多半與神明職能相關，或是延續爲人修行時所表現的神蹟。前者從神明職能的角度出發，後者則以成神歷程開始。以人而神的歷程來看，這類神明力量所及之處多半是修行神蹟的延續，因此民衆才奉之爲神，就是希望對方能持續給予相關方面的庇佑。例如傳說中保生大帝吳本爲人時是個名醫，西王母曾傳授醫書給他，後乘鶴爲神。對玉皇公主來說，沒有爲人時期的事蹟，又該如何確定職能呢？因此給玉皇公主冠上官職頭銜就爲解決之道。一來解決職能爲何的問題；二來則依循天庭官制如人間的想像，給玉皇公主一個職位，符合尊貴的身份。透過官位這一中介，信徒能更合理的解釋玉皇公主神力所顯之處。在其他的民間諸神當中，要經過「領玉旨」這道手續才能開宮壇濟世。〔註4〕換言之，天庭官位的授予成爲神明權威的認證，同時延續了神明如官員的想像。玉皇公主以「先天血統」的優勢免去修行的過程，並因此獲得神力的來源；其次有「無極天大元帥」的職位頭銜給予其神力職能施展的領域。在神明如官員的觀念下，神明的任命與信徒對神明的認識都要求官職頭銜的存在。如果沒有這些稱呼，信徒無法迅速認識神明，並與其神蹟結合建立形象。

　　官職頭銜如同名片簡要說明神明的職能，然而玉皇三公主身爲女神，竟以「無極天大元帥」之名成爲軍事將領，與一般女神擁有的慈愛生育特性大相逕庭。信徒對玉皇三公主的來歷，有說爲西涼國的代戰公主或是穆柯寨的穆桂英，兩者都是武藝絕倫的女武將。這種說法受到小說戲曲的影響，把公主的元帥職能與小說裡著名的女武將結合，將公主在人間的資歷完整化。筆者認爲，玉皇三公主之所以能夠擁有軍武頭銜，其中原因之一是公主的出身。公主的血統免除經歷凡人成神的修行之途，同樣的也避免了凡人在修行中所面對的社會責任。傳統社會下的女性責任不外乎結婚生子，養育子女。修行斷絕了女性生理所帶來的「不潔」，同樣也避免身爲人妻生產時的污血、非處子之身的「不潔」。以一個「純潔」的神母非「不潔」的人母特質成爲女神。因此玉皇三公主的血統讓祂形象詮釋空間更爲廣大。無須「除去不潔」的修行，直接以純潔的姿態擔任一般人而神的女神所無法擔任的軍武元帥。此舉

────────────

〔註4〕領玉旨爲宮廟神明向玉皇大帝領受玉旨後，才有能力調動天兵、執行濟世救人的任務。換言之領玉旨的儀式是一種天庭的認證儀式，認可此宮廟此神擁有濟世的認可與兵力的證明。

除了表明神力的廣大威猛外，也給這些「血統純正」的家屬神更廣闊的形象詮釋向度。另外透過降乩所指示的請神咒內容，對信眾而言是權威的話語，屬於神明的自述。在公主屬於「先天神」的情況下，沒有為人時的傳說，只有降乩指示的內容可供信眾建立神明來歷。這種「權威」話語使信徒建立三公主的背景職能，再補以實際顯靈事蹟的感受。讓三公主跳脫傳統女神的生育特質，成為文武相和、充滿剛強活力的女神形象。

　　即使如此，詮釋的廣度並非無邊無際。對女神職能的要求依然受到社會觀感的限制。前述提到神明的職能與神蹟關係密切，因此玉皇三公主最擅長者應該是軍武相關的祈求。然而現實生活中已無戰爭，但玉皇三公主不因此無用武之地。元帥的職能轉化成神力威猛的象徵，非專指戰事的專職神取向。信眾面對人生裡難以預測的苦難，如同面對敵人般需相互戰鬥才能取勝。因此玉皇三公主成為一尊處理信眾各種需求的萬能神，接受信眾各式各樣的祈求。這樣化解了玉皇三公主身為女神與軍武之間的性別印象衝突。但也因元帥與女神如此對比強烈的組合，減弱女神特質在玉皇三公主身上的影響，使得玉皇三公主如同男性神明般缺乏生育特性，但仍保有些許女神的慈愛情懷。從信徒的角度看，他們會用化妝品、繡花鞋、梳妝鏡等女性用品當供品祭拜。如同拿玩具祭拜三太子一樣，信徒認為使用與神明傳說或性別相關的用品能搏取神明的歡心。他們遵從降乩神咒的指示，為玉皇三公主塑立背負令旗、手持寶劍、刺球的武將塑像。女神與武將在這裡透過降乩神咒的「權威」自然融合為一，也表現出民眾對神明世界的想像既立基於現實社會，也因實際的祈願需求而轉化原有的神明形象。

　　在信徒以靈驗與庇護做為信仰與否的標準時，神明形象成為次要的準則。在靈驗的當下，隨著信徒各樣的祈願，神明因此產生新的形象或是衍生出新的神明。目前當地信徒對玉皇三公主的看法，來自於他們對祂祈願所產生的回應，以及神明降乩處理公事時的印象。前者是信徒私人的感應，後者是公眾場合裡對策的宣揚。不同場合裡不同的視角選擇在信徒身上互相建構出他們所認為的神明圖像。這種多樣且自由的發展在神明形象與信徒選擇的層面上，這正是民間信仰多元化的表現。性別與職能之間的象徵衝突在玉皇三公主身上消解，成為神明的背景。兩者融合成神明威能的保證，突破傳統對性別的成見，創造出新的可能。

參考文獻

一、古　籍

1. 〔周〕左丘明著，〔吳〕韋昭注，《國語》，台北：漢京文化，1983。
2. 〔漢〕司馬遷撰，〔劉宋〕裴駰集解，〔唐〕司馬貞索隱，〔唐〕張守節正義，《新校本史記三家注并附編二種》，臺北：鼎文書局，1981。
3. 〔漢〕鄭玄注，〔唐〕孔穎達正義，《禮記注疏》，台北：新文豐，2001。
4. 〔漢〕王充著，蔡鎮楚注譯，《新譯論衡讀本》，台北：三民，1997。
5. 〔漢〕班固，《新校本漢書》，台北：樂天，1974。
6. 〔漢〕毛公傳，鄭玄箋，〔唐〕孔穎達正義，《毛詩正義》，十三經注疏小組編，《十三經注疏分段標點》，台北：新文豐，2001。
7. 〔晉〕干寶撰，《搜神記》，台北：世界，1987。
8. 〔唐〕魏徵，《新校本隋書》，台北：鼎文，1978。
9. 〔後晉〕劉昫撰，楊家駱主編，《新校本舊唐書附索引》，臺北：鼎文書局，1981。
10. 〔梁〕劉勰著，范文瀾註，《文心雕龍》，台北：學海，1991。
11. 〔宋〕歐陽修撰，〔宋〕徐無黨注，楊家駱主編，《新五代史》，臺北：鼎文書局，1980。
12. 〔宋〕歐陽修、宋祈撰，楊家駱主編，《新校本新唐書附索引》，臺北：鼎文書局，1981。
13. 〔宋〕李昉等編，《太平御覽》，台北：台灣商務印書館，1968。
14. 〔元〕脫脫，《新校本宋史》，台北：鼎文，1978。
15. 〔明〕《正統道藏（第二冊）》，台北：新文豐，1985。

16. 〔明〕黃仲昭修纂，《八閩通志》，福州：福建人民出版社，1991。

17. 〔明〕徐勃《榕陰新檢》：四庫全書存目叢書・史部・傳記類。台南：莊嚴文化出版，1996。

18. 〔明〕（作者不詳）王秋桂編《繪圖三教源流搜神大全》，臺北：聯經出版社，1980。

19. 〔清〕范咸纂輯，《重修臺灣府志》卷一，《臺灣史料集成：清代臺灣方志彙刊》第八冊，台北：行政院文建會，遠流出版社，2005。

20. 〔清〕胡建偉纂輯，《澎湖紀略》，《臺灣史料集成：清代臺灣方志彙刊》第十二冊，台北：行政院文建會，遠流出版社，2004。

21. 〔清〕張廷玉等撰，楊家駱主編，《明史》，（臺北：鼎文書局，1980）

22. 〔清〕徐松輯，《宋會要輯稿》，收入《續修四庫全書》史部政書類，上海：上海古籍出版社，1995。

23. 〔清〕林豪原纂，薛紹元訂補，《澎湖廳志》（上），《臺灣史料集成：清代臺灣方志彙刊》第二十九冊，台北：行政院文建會，遠流出版社，2006

24. 〔清〕林豪原纂，薛紹元訂補，《澎湖廳志》（下），《臺灣史料集成：清代臺灣方志彙刊》第三十冊，台北：行政院文建會，遠流出版社，2006。

25. 〔清〕張竟可、林咸吉等纂，乾隆十六年刊本《古田縣志》。收入中國方志叢書第一百號《古田縣志》全八卷，台北：成文出版社，1967。

26. 〔清〕崑岡等修，《欽定大清會典》，收入《續修四庫全書》史部政書類，上海：上海古籍出版社，1995。

27. 趙爾巽等撰，楊家駱校，《楊校標點本清史稿》，台北：鼎文，1981。

二、研究專著

1. 丁山，1988，《中國古代宗教與神話考》，上海：上海文藝出版社。

2. 〔美〕于君方著，陳懷宇，林佩瑩，姚崇新譯，2009，《觀音：菩薩中國化的演變》，台北：法鼓文化。

3. 丹珠昂奔，1987，《吐蕃史演義》，河北：花山文藝。

4. 五世達賴喇嘛著，劉立千譯注，2000，《西藏王臣記》，北京：民族出版社。

5. 王志宇，2008，《寺廟與村落：臺灣漢人社會的歷史文化觀察》，台北：文津。

6. 王健旺，2003，《台灣的土地公》，台北：遠足文化。

7. 〔英〕王斯福（Stephan Feuchtwang）著，趙旭東譯，2008，《帝國的隱喻》，南京：江蘇人民出版社。

8. 王森，2001，《西藏佛教發展史略》，北京：中國藏學出版社。

9. 皮慶生，2008，《宋代民眾祠神信仰研究》，上海：上海古籍出版社。

10. 〔羅馬尼亞〕伊利亞德（Mircea Eliade）著，晏可佳、姚蓓琴譯，2008，《神聖的存在》，桂林：廣西師範大學出版社。

11. 〔羅馬尼亞〕伊利亞德（Mircea Eliade）著，楊素娥譯，《聖與俗》，2006，台北：桂冠。

12. 〔羅馬尼亞〕伊利亞德（Mircea Eliade）著，楊儒賓譯，2006，《宇宙與歷史——永恆回歸的神話》，台北：聯經出版。

13. 江志弘，2005，《台灣傳統常民社會的明幽二元思維——普度、祭厲與善書》，台北：稻香。

14. 安居香山，中村璋八輯，1994，《緯書集成》下冊，河北：河北人民出版社。

15. 吳瀛濤，1992，《台灣民俗》，台北：眾文圖書。

16. 余光宏，1988，《媽宮的寺廟——馬公市鎮發展與民間宗教變遷之研究》，台北：中央研究院民族研究所。

17. 〔美〕克利弗德‧紀爾茲（Clifford Geertz）著，楊德睿譯，2007，《地方知識：詮釋人類學論文集》台北：麥田。

18. 吳永猛，1996，《澎湖公廟小法的功能》，澎湖：澎湖縣文化局。

19. 呂祝義，蕭啟村，翁柏偉，1997，《澎湖傳統音樂調查研究：小法儀式音樂》，澎湖：澎湖縣文化局。

20. 呂祝義編撰，2004，《澎湖地區姓氏族譜調查研究》，馬公：澎湖縣文化局。

21. 李玉珍，林美玫合編，2003，《婦女與宗教：跨領域的視野》，台北：里仁。

22. 李素平，2004，《女神‧女丹‧女道》，北京：宗教文化出版社。

23. 李豐楙，朱榮貴主編，1997，《性別、神格與臺灣宗教論述》，台北：中研院文哲所。

24. 李耀庭，2006，《北澎今昔：台北澎湖同鄉會創會43年紀念專輯》，台北：北市澎湖同鄉會

25. 汪幼絨，2000，《公主柳——西藏文化的變遷模式》，台北：蒙藏委員會。

26. 阮昌銳，1980，《中國民間宗教之研究》，臺灣省立博物館。

27. 卓克華，2003，《從寺廟發現歷史：臺灣寺廟文獻之解讀與意涵》，台北：揚智文化。

28. 卓克華，2006，《寺廟與臺灣開發史》，台北：揚智文化。

29. 林晉德，1998，《神、祖靈、鬼之性質及地位對澎湖祠廟空間之影響》，馬公：澎湖縣文化局。

30. 林國平，2005，《閩台民間信仰源流》，福州：福建人民出版社。

31. 林國平，彭文宇著，1993，《福建民間信仰》，福州：福建人民出版社。

32. 林進源主編，2005，《台灣民間信仰神明大圖鑑》，台北：進源書局。

33. 阿底峽尊者發掘，盧亞軍譯，2001，《西藏的觀世音》，蘭州：甘肅人民出版社。

34. 姜佩君，1998，《澎湖民間傳說》，台北：聖環圖書。

35. 施晶琳，2006，《臺灣的金銀紙錢：以台南市為考察中心》，台北：蘭臺出版社。

36. 納欽，2004，《口頭敘事與村落傳統——公主傳說與珠臘沁村信仰民俗社會研究》，北京：民族出版社。

37. 〔美〕康豹（Paul Russell Katz），1997，《台灣的王爺信仰》，台北：商鼎文化出版社。

38. 〔美〕康豹（Paul Russell Katz）著，吳光正、劉瑋譯，2010，《多面相的神仙：永樂宮的呂洞賓信仰》，濟南：齊魯書社。

39. 高賢治主編，林普易，李添春等著，1995，《台灣宗教》，台北：眾文圖書。

40. 張雲，1995，《絲路文化·吐蕃卷》，杭州：浙江人民出版社。

41. 張懿仁，1996，《金銀紙藝術》，苗栗：苗栗縣政府。

42. 許宇承，2006，《臺灣民間信仰中的五營兵將》，台北：蘭臺出版社。

43. 連心豪，鄭志明主編，2008，《閩南民間信仰》，福州：福建人民出版社。

44. 陳耀明，1995，《澎湖的廟神》，馬公：澎縣文化。

45. 復旦大學文史研究院編，2009，《「民間」何在誰之「信仰」》，北京：中華書局。

46. 曾光棣，1999，《澎湖的五營——以空間角度來看》，澎湖：澎湖縣文化局。

47. 〔奧地利〕舒茲（Alfred Schutz）著，盧嵐蘭譯，1992，《舒茲論文集 I 社會現實的問題》，臺北市：桂冠。

48. 黃文博，1989，《台灣信仰傳奇》，臺北：臺原。

49. 黃有興，1997，《澎湖的民間信仰》，台北：臺原藝術。

50. 黃有興、甘村吉，2006，《澎湖民間祭典與應用文書》，澎湖：澎湖縣文化局。

51. 黃萍瑛，2008，《臺灣民間信仰「孤娘」的奉祀——一個社會史的考察》，台北：稻鄉。

52. 〔美〕楊慶堃著，范麗珠譯，2006，《中國社會中的宗教：宗教的現代社會功能與其歷史因素之研究》，上海：上海人民出版社。

53. 葉舒憲，2004，《高唐神女與維納斯》，西安：陝西人民出版社。

54. 〔法〕葛蘭言（Marcel Granet），2010，《中國人的宗教信仰》，貴州：貴州人民出版社。

55. 〔日〕鈴木清一郎著，馮作民譯，1989，《增訂台灣舊慣習俗信仰》，台北：眾文圖書。

56. 劉枝萬，1983，《臺灣民間信仰論集》，台北：聯經。

57. 〔日〕增田福太郎（1903～1982）原著、黃有興譯 2008《台灣宗教信仰》，台北：東大。

58. 蔡佩如，2001，《穿梭天人之際的女人：女童乩的性別特質與身體意涵》，台北：唐山。

59. 鄭志明，2005，《台灣傳統信仰的鬼神崇拜》，台北：大元書局。

60. 〔德〕諾伊曼（Erich Neumann）著，李以洪譯，1998，《大母神：原型分析》，北京：東方出版社。

61. 〔美〕韓明士（Robert Hymes）著，皮慶生譯，2007，《道與庶道：宋代以來的道教、民間信仰與神靈模式》，南京：江蘇人民出版社。

62. 〔美〕韓森（Valerie Hansen）著，包偉民譯，1999，《變遷之神：南宋時期的民間信仰》，杭州：浙江人民出版社。

63. 魏建震，2008，《先秦社祀研究》，北京：人民出版社。

64. 欒保群編著，2009，《中國神怪大辭典》，北京：人民出版社。

65. 澎湖縣白沙鄉公所，1999，《重修白沙鄉志》，澎湖縣白沙鄉：澎湖縣白沙鄉公所。

66. 臺灣銀行經濟研究室編，1960，《天妃顯聖錄》，收入《臺灣文獻叢刊》，第 77 種，臺北：臺灣銀行經濟研究室。

三、單篇論文

1. 〔日〕二階堂善弘，1996，〈哪吒太子考〉收入《1996 年佛學研究論文集——當代臺灣的社會與宗教》，頁 289～292。台北：佛光出版社。

2. 〔日〕二階堂善弘，2007，〈通俗小說裡元帥神之形象〉《『聖傳與詩禪』中國文學與宗教論集》，頁 513～547。台北：臺灣中央研究院。

3. 王文良，2007，〈從宮廟舊文物的保存與再認識，活化在地的文化資產〉，紀麗美總編輯，《澎湖研究第六屆學術研討會論文輯》，頁 227～252。馬公：澎縣文化局。

4. 王文良，2001，〈澎湖的宮廟鑿花木雕——作品篇〉，中華民俗藝術基金會，《澎湖人文之美：澎湖傳統藝術研討會論文集》，頁 162～181。台北：傳藝中心籌備處。

5. 王滋敏，吳培基，〈澎湖縣白沙鄉光復以前匾額輯錄（上）（下）〉，《硓石古石》澎湖縣政府文化局季刊，第 51 期，2008 年 6 月，頁 2～43；第 52 期，2008 年 9 月，頁 26～58。

6. 余光弘，1997，〈台灣地區民間宗教的發展〉，《中央研究院民族研究所集刊》第 53 期，頁 67～103。台北：中央研究院。

7. 余光弘，1999，〈台灣區神媒的不同形態〉，《中央研究院民族學研究所集刊》，第 88 期，頁 99～105。台北：中央研究院。

8. 李遠國，2002，〈道教雷法沿革考〉，《世界宗教研究》第 3 期，頁 88～96。北京：世界宗教研究雜誌社。

9. 李豐楙，2010，〈「中央——四方」空間模型：五營信仰的營衛與境域觀〉，《中正大學中文學術年刊》，第 15 期，頁 33～70。嘉義：中正大學中文系。

10. 李豐楙，2010，〈從玄女到九天玄女：一位上古女仙的本相與變相〉，《興大中文學報》第 27 期（增刊），頁 17～54。台中：中興大學中文系。

11. 李豐楙，1994，〈從成人之道到成神之道——一個臺灣民間信仰的結構性思考〉，《東方宗教研究》，新四期，頁 183～210。台北：國立藝術學院傳統藝術研究中心。

12. 李豐楙，1987，〈道教神霄派的形成與發展〉，《幼獅學誌》第 19 卷第 4 期，頁 146～169。台北：幼獅文化。

13. 〔美〕杜贊奇（Prasenjit Duara），2006，〈刻畫標誌：中國戰神關帝的神話〉，收錄於韋思諦（Stephen C. Averill）編，陳仲丹譯，《中國大眾宗教》，頁 93～115。江蘇：江蘇出版社。

14. 林素娟，2009，〈土壤崇拜與豐產儀典的性質與演變——以先秦及禮書為論述核心〉，《清華學報》新第 39 卷第 4 期，頁 615～651。新竹：清華大學。

15. 林富士，2005，〈醫者或病人——童乩在臺灣社會中的角色與形象〉《中央研究院歷史語言研究所集刊》，第七十六本，第三分，頁 511～568。台北：中央研究院歷史語言研究所。

16. 林富士，2005，〈清代臺灣的巫覡——以《臺灣文獻叢刊》為主要材料的初步探討〉，《新史學》，第十六卷第三期，頁 23～99。台北：新史學雜誌社。

17. 林會承，1999，〈澎湖社里的領域〉，《中央研究院民族學研究所集刊》第 87 期，頁 41～96。台北：中央研究院民族學研究所。

18. 〔美〕武雅士（Arthur P. Wolf）著，張珣譯，1997，〈神‧鬼‧祖先〉，《思與言》，第 35 卷第 3 期，頁 233～291。台北：思與言雜誌社。

19. 張珣，2009，〈打破圈圈：「祭祀圈」研究的反省〉，《媽祖‧信仰的追尋

（續編）》，頁 311～350。台北：博揚文化。

20. 張珣，2006，〈變異、變遷與認同：近年臺灣民間宗教英文研究趨勢〉，《臺灣本土宗教研究：結構與變異》，頁 61～84。台北：南天。

21. 陳緯華，2008，〈靈力經濟：一個分析民間信仰活動的新視角〉，《臺灣社會研究》第 69 期，頁 57～106。台北：臺灣社會研究雜誌社。

22. 〔美〕彭慕蘭（Kenneth Pomeranz），2006，〈泰山女神信仰中的權力、性別與多元文化〉，收入韋思諦（Stephen C. Averill）編，陳仲丹譯，《中國大眾宗教》，頁 115～142。南京：江蘇人民出版社。

23. 黃美英，2007，〈宗教與性別文化——臺灣女神信奉初探〉收錄於李豐楙、朱榮貴主編，《儀式、廟會與社區——道教、民間信仰與民間文化》，頁 297～325。臺北：中央研究院中國文哲研究所。

24. 楊儒賓，2002，〈厚生與土德——土的原型象徵〉，《中國文哲研究集刊》第 20 期，頁 383～446。台北：中央研究院。

25. 葉春榮，2006，〈曆、祖先與神明：兼論漢人的宇宙觀〉，《臺灣本土宗教研究：結構與變異》，頁 19～59。台北：南天書局。

26. 葉舒憲，田大憲，1996，《中國古代神秘數字》，北京：社會科學文獻出版社。

27. 〔美〕詹姆斯·沃森（James L. Waston），2006，〈神的標準化：在中國南方沿海地區對崇拜天后的鼓勵（960～1960）〉，收入韋思諦（Stephen C. Averill）編，陳仲丹譯，《中國大眾宗教》，頁 57～92。南京：江蘇人民出版社。

28. 劉仲宇，2001，〈五雷正法淵源考論〉，《宗教學研究》第 3 期，頁 14～20。四川：四川大學宗教研究所。

29. 劉怡君，2009，〈九天玄女信仰的源流與發展〉，《保生文化祭：道教神祇學術研討會論文集》，頁 49～76。台北：臺北保安宮。

30. 鄭志明，2005，〈臺灣靈乩的宗教型態〉，收入氏著《臺灣傳統信仰的宗教詮釋》，頁 135～196。台北：大元書局。

31. 鄭昭民，2001，〈澎湖打石業與傳統建築之關係〉，收入中華民俗藝術基金會，《菊島人文之美：澎湖傳統藝術研討會論文集》，頁 240～262。台北：傳藝中心籌備處。

四、學位論文

1. 蔡婉婷，2005，「臺南市寺廟建廟傳說之研究」，台南：台南大學臺灣文化研究所碩士論文。

2. 王雅儀，2003，「臨水夫人信仰與故事研究」，台南：成功大學中國文學研究所碩士論文。

五、寺廟沿革誌、簡介、碑記

1. 台北內湖碧霞宮：未著年代，〈台北內湖碧霞宮沿革〉。

2. 台南南廠武英殿：1996，〈武英殿沿革暨捐款芳名錄〉。

3. 台南開基玉皇宮：未著年代，吳文雄，《台南開基玉皇宮簡介》（開基玉皇宮印行）。

4. 西嶼竹灣村上帝廟：1991，〈竹灣村頂甲上帝廟碑記〉。

5. 東衛天后宮：2007，〈東衛天后宮重建記〉。

6. 風櫃里威武金王殿：2009，〈風櫃里威武金王殿重建碑記〉。

7. 許家村真靈殿：1973，〈真靈殿重建落成碑記〉。

8. 湖西菓葉北極殿：1978，〈菓葉北極殿碑銘〉。

9. 講美保安宮：1978，〈講美村保安宮簡誌及捐獻芳名〉、1958〈保安宮重修記〉、2006，〈講美保安宮修建紀念誌〉。

10. 講美龍德宮：1926，〈龍德宮改築落成記念碑〉、1965，〈龍德宮重建落成碑記〉、1966，〈龍德宮重建碑記〉、1974，〈龍德宮四棰亭簡誌〉、1988，〈龍德宮修建簡誌〉、2006，〈講美龍德宮整建碑記〉。

11. 講美靈應廟：1914，〈靈應廟落成記〉、1977，〈靈應廟擴充記〉、1979，〈靈應廟四棰亭落成簡誌〉。

六、其　他

1. 《太上無極混元真經》台中聖賢堂聖賢雜誌社。出版年月不詳。

2. 《勝安雜誌》（花蓮：勝安雜誌社），第七期。

3. 《龍德宮普庵咒簿》藏於龍德宮。

附　錄

表一：講美村打石業師承關係表〔註1〕

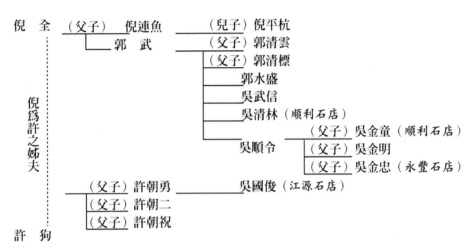

資料來源：1990 年 08 月田野調查

表二：在台開設石店之分布表〔註2〕

開設石店之地點		創立者	創立者原籍	石店名稱	開設年代
嘉義縣	義竹竹	郭永盛	講美村		民國
台南縣	鹽水	郭武	講美村		自治時代
	學甲	吳武育	講美村		民國
	關廟	吳武和	講美村		民國
台南市		陳高福	講美村	福源石店	自治時代
高雄縣	旗山	高成實	西溪村		民國 4、50 年代
	岡山	吳武信	講美村		民國
		黃有萬	西溪村		民國
	覆鼎金	陳條梯	西溪村	合成石店	民國

〔註 1〕 引用鄭昭民，〈澎湖打石業與傳統建築之關係〉，收入中華民俗藝術基金會，《菊
　　　　島人文之美：澎湖傳統藝術研討會論文集》（台北：傳藝中心籌備處，2001），
　　　　頁 246。
〔註 2〕 同上註，頁 244。以上兩表皆由鄭昭民製作。

高雄市	楠梓	許朝祝	講美村		民國 60 年代
	左營	吳登進	講美村		日治時代
		許朝勇	講美村		民國 4、50 年代
	鼓山	高能便	西溪村	南興石店	日治時代
		洪水	隘門村		ND
屏東縣	屏東市	許朝二	講美村		民國 4、50 年代
		陳和坪	講美村		民國
		王斗	西溪村	雙合成石店	日治時代
	潮洲	王順讚	西溪村		日治時代
	林邊	高添裕	西溪村		民國 4、50 年代
	水底寮	黃宗麒	西溪村		民國 4、50 年代
台東縣	台東市	王玉液	西溪村		ND

ND：缺資料

資料來源：鄭昭民，1999：30.31；訪問吳清休先生、倪平抗先生、吳金忠先生

表三：神明職能分配表

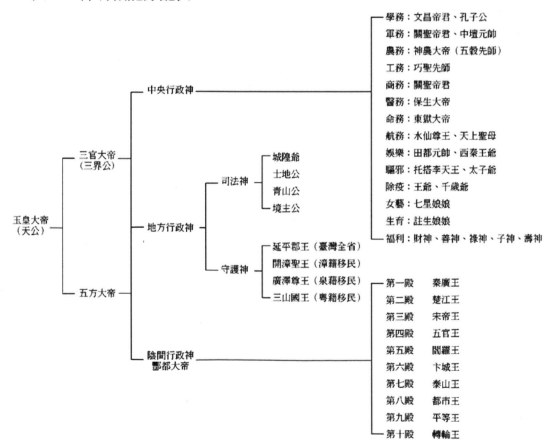

表4：軍警職能分配表

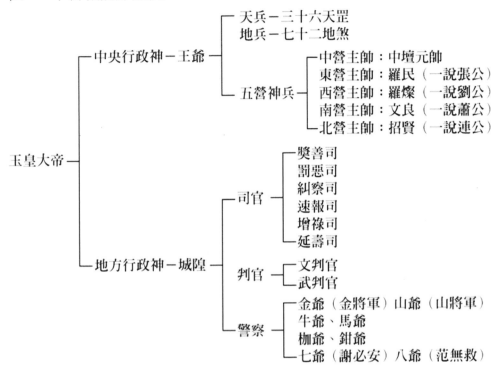

照片1：陳高福先生與郭武先生捐獻之石獅（拍攝日期 2009/02/12）

照片 2：陳高福先生捐獻之石製香爐（拍攝日期 2009/02/12）

照片 3：祭祀用桌之桌裙（2009/02/12 拍攝）

照片 4：雙翅童子斗座（2010/10/02 拍攝）

照片 5：七位公主神神像（2009/02/12 拍攝）

照片 6：左右兵將（2009/02/12 拍攝）

照片 7：六公主指示內容（2010/03/10 拍攝）

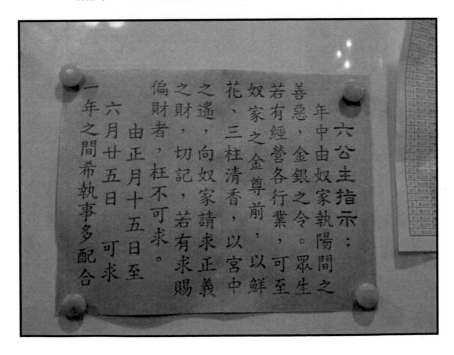

六公主指示：
年中由奴家執陽間之
善惡，金銀之令。眾生
若有經營各行業，可至
奴家之金尊前，以鮮
花、三柱清香，以宮中
之遙，向奴家請求正義
之財，切記，若有求賜
偏財者，枉不可求。
由正月十五日至
六月廿五日　可求
一年之間希執事多配合

照片 8：內湖碧霞宮印行《道藏寶錄》（2010/03/21 拍攝）

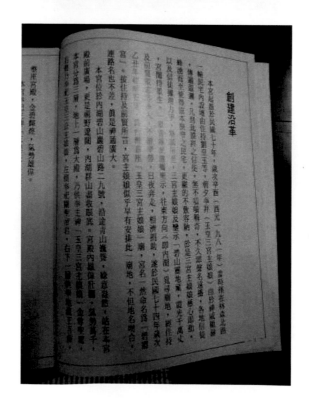

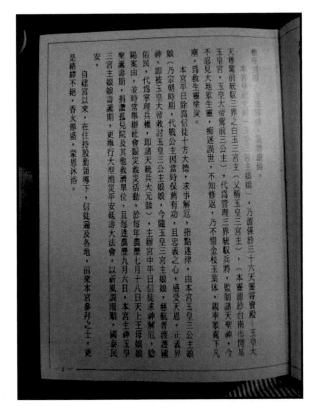

照片 9：《勝安》雜誌（2010/03/21 拍攝）

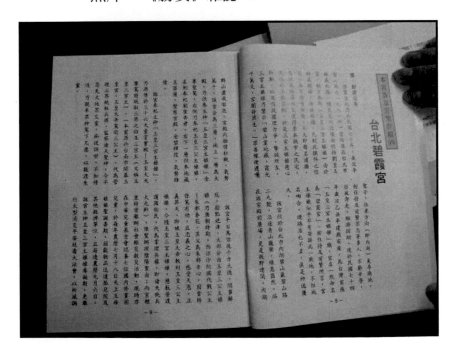

照片 10：僊度蓮胎、位正東宮匾額（攝於 2009/02/12）

照片 11：玉皇三公主文身畫像（2009/02/12 拍攝）

照片 12：中營中壇元帥（攝於 2010/08/29）

空照圖 1：講美村衛星空照圖〔註3〕

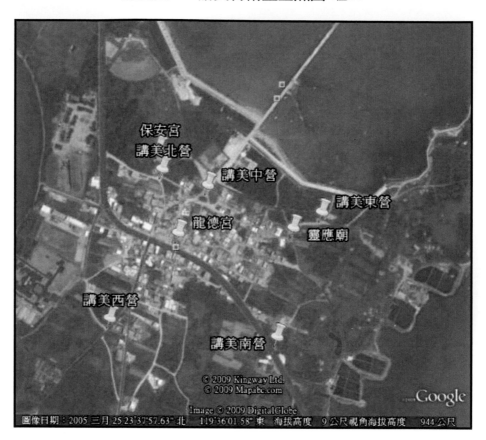

〔註3〕 衛星空照圖擷取自 Google Map 網頁，擷取日期 2010/01/03。其中五營與廟宇
標示爲筆者自作。

講美龍德宮咒簿書影

大公主咒

請壇

普唵大教主咒

奉請普唵大教主　　神通變化不須疑

隨慈法愿度眾生　　作大醫王救諸苦

致慈雲　　　　　　助法雨

蕩滌社稷光萬里　　修造動土任興工

不問防雨并禁忌　　園光令法妙如雲

萬億諸天常守護　　八萬百首金剛將

梵王帝釋常佐助　　佈施光洗沾甘露

一切眾生皆得度　　惟願古佛降臨來

　　　　神兵火急如律令

大公主咒

奉請玉皇大公主　　神通廣大伏邪魔

頭插瓊花身披甲　　紫袍玉帶度眾生

玉皇公主救諸苦　　邪魔鬼穢盡皆驚

若有邪魔相侵犯　　五雷霹靂不留停

有事專心特咒請　　驅邪治病保安寧

弟子虔誠專拜請　　玉皇公主降臨來

二公主咒、三公主咒

神兵火急如律令

二公主咒

奉請玉皇二公主　　　神威廣大法無窮
金冠紫袍顯赫耀　　　鳴王作相度眾生
玉皇公主救諸苦　　　災瘴聞名避三社
若有妖精侵犯境　　　五雷霹靂不留停
普施惠澤家家奉　　　驅邪治病保安寧
有事專心特咒請　　　玉皇公主降臨來

神兵火急如律令

三公主咒

奉請玉皇三公主　　　身在天曹騎麒麟
手執彈弓出行兵　　　手執金鞭蓋紫雲
身受玉帝天帝女　　　願降陽間度眾生
變化壇前坐蓮花　　　符法勅水保安寧
代天行化人長生　　　金鼓響開是咒請
弟子一心專拜請　　　玉皇公主降臨來
願降臨來呵彌陀　　　願降臨來呵哆嚟

神兵火急如律令

四公主咒、五公主咒

四公主咒

奉請玉皇四公主　　　蒼頭白面喜笑顏
吾在天宮好遊戲　　　玉皇勅賜忠義王
騰雲駕霧到陽間　　　身穿金甲騎麒麟
手執平安救苦經　　　天兵隨侍听吾令
妖精侵犯受苦殺　　　今鼓響開是吾遊
弓弦聲向是吾彈　　　欣欣喜喜是吾樂
弟子一心專拜請　　　玉皇公主降臨來
願降臨來呵彌陀　　　願降臨來呵哆嚟

神兵火急如律令

五公主咒

奉請玉皇五公主　　　靈育魂遊神仙府
天宮紫闕時步馭　　　玉殿瑤池日居處
奉獻異果是金童　　　懃供奇化乃玉女
顏色似同雪與霜　　　笑顏永類風和雨
月姊精明隨駕車　　　雲師談蕩染彌藪
龍袍飄颺似龍飛　　　鳳冠麗結如鳳舞
弟子一心專拜請　　　虔誠焚化香三註

神兵火急如律令

六公主咒

奉請玉皇六公主　神遊幻化靈宵府
手執金釵揮天輪　腳踏蓮花任遨遊
身是天宮紫閣主　靈差官將莫不從
太上學法道無邊　召喚斗宿定禍福
天罡地煞吾差遣　不讓邪魔儻世間
男女老幼誠心請　一切災央化為塵
鳳冠珠結風雨至　降臨凡間收煞改
弟子有事尊咒請　遠下瑤池降臨來
神兵火急如律令

七公主咒

奉請玉皇七公主　神威顯赫法無邊
身伴玉帝隨身後　凡間奏聞吾時見
文武百官皆相隨　文武官將由吾尊
金銀官將由我法　書香及第由吾令
諸員官將莫不從　手持如意定世間
手捧金球內藏　　打開金球耀天門
諸邪群魔救諸苦　絕不輕放擾世者
玉皇公主救諸苦　玉皇公主渡萬劫
有事梵香持咒請　腳踏蓮花到凡塵
弟子一心專拜請　玉皇公主降臨來
神兵火急如律令